松下幸之助に学んだ実践経営学

穿越周期

实践松下幸之助的经营哲学

[日] 小川守正 著

祖林 贾瑾 贾申 译

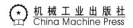

图书在版编目（CIP）数据

穿越周期：实践松下幸之助的经营哲学 /（日）小川守正著；祖林，贾瑾，贾申译 . —北京：机械工业出版社，2022.8
ISBN 978-7-111-71432-3

Ⅰ. ①穿…　Ⅱ. ①小…　①祖…　③贾…　④贾…　Ⅲ. ①松下幸之助（1894-1989）- 商业经营 - 经验　Ⅳ. ① F715

中国版本图书馆 CIP 数据核字（2022）第 151448 号

北京市版权局著作权合同登记　图字：01-2022-2563 号。

MATSUSHITA KONOSUKE NI MANADA JISSEN KEIEI GAKU
Copyright © 2020 by Yuko Kawarazaki.
Simplified Chinese Translation Copyright © 2022 by China Machine Press. Simplified Chinese translation rights arranged with PHP Institute, Inc. Original Japanese edition published by PHP Institute, Inc. Interior diagrams by EVERYTHINK Co., Ltd. This edition is authorized for sale in the Chinese mainland (excluding Hong Kong SAR, Macao SAR and Taiwan).

No part of this book may be reproduced or transmitted in any form or by any means, electronic or mechanical, including photocopying, recording or any information storage and retrieval system, without permission, in writing, from the publisher.

All rights reserved.

本书中文简体字版由 PHP Institute, Inc. 授权机械工业出版社在中国大陆地区（不包括香港、澳门特别行政区及台湾地区）独家出版发行。未经出版者书面许可，不得以任何方式抄袭、复制或节录本书中的任何部分。

穿越周期：实践松下幸之助的经营哲学

出版发行：机械工业出版社（北京市西城区百万庄大街 22 号　邮政编码：100037）
责任编辑：马新娟
责任校对：张亚楠　李　婷
印　　刷：北京铭成印刷有限公司
版　　次：2022 年 11 月第 1 版第 1 次印刷
开　　本：147mm×210mm　1/32
印　　张：9.875
书　　号：ISBN 978-7-111-71432-3
定　　价：59.00 元

客服电话：(010) 88361066　68326294

版权所有 • 侵权必究
封底无防伪标均为盗版

CONTENTS 目 录

总　序　儒家思想、日本商道与松下幸之助
推荐序　不断提高作为经营者的觉悟和能力
译者序　企业如何穿越历史风云：松下幸之助经营哲学的
　　　　百年实践和借鉴
再版前言
初版前言

导　论｜ **让经营之树万古长青** /1

第 1 章｜ **树立正确的经营理念** /7

　　　　在经营理念的指引下正确前行　/8
　　　　经营之树，理念是根　/8
　　　　经营理念的三大分类　/9
　　　　　　正确决策：与经营目的相关的理念　/10
　　　　　　正确行动：与经营做法（方法和手段）相关的
　　　　　　　理念　/10
　　　　　　顺应大势：与经营变革相关的理念　/11

经营理念的诞生和传承 / 13
  经营理念源自艰苦奋斗 / 13
  经营理念在根本上基于经营者的人格和人性 / 14
  经营理念的虚和实：本相在心中，实像在行动 / 15
  经营理念扎根于工作作风中，也可能随时间
    风化 / 16
  经营理念的贯彻：应对危机时方显经营理念的
    本色 / 17
  贯彻经营理念：在实践经营中悟道 / 19
不是一成不变：经营理念也要再建和新创 / 21
三大基本经营理念 / 23

第 2 章 | 开展自主责任经营 / 31

经营者的四大责任 / 32
自主责任经营的理念和实践 / 34
  企业要最大限度地履行四大责任 / 35
  企业履行四大责任的三大条件 / 35
  建立能最大限度地履行四大责任的组织 / 36
  最大限度地发挥所有员工的能力 / 37
  激发员工的使命感和责任感 / 38
  规定事务权限，弹性经营授权 / 40
  领导层必须下放权力并五步跟进 / 42
推进自主责任经营理念的实践 / 46
  用对人：正确的人生观要优先于能力 / 46

用自主责任经营激发长期发展所需要的组织活力　/ 47
　　用坚定的使命感和经营理念培养懂经营的人　/ 47
　　松下幸之助与国铁某员工的对话　/ 50

第3章　**部门经营：划小经营单元**　/ 57

　　局部亏损时导入部门独立核算，
　　　激发自主责任经营的活力　/ 58
　　划小经营单元：把各部门构筑成经营的演练场　/ 60
　　不要把经营做成管理，而要把经营做成经营　/ 61
　　　封闭的管理，开放的经营　/ 61
　　　把部门管理变回部门经营　/ 64
　　时代变了：部门经营的五大目的　/ 67
　　组织准备：导入部门经营九步法　/ 69
　　　贯彻部门经营理念和主旨　/ 70
　　　确定可以全员参与的部门经营单元　/ 70
　　　明确部门的基本使命　/ 72
　　　把企业整体的重要课题切实落实到各部门，使之成为
　　　　部门具体的工作主题　/ 73
　　　制定公司内部交易规则　/ 74
　　　规定内部利率　/ 76
　　　明确固定费用的分摊基准　/ 77
　　　要给辅助部门适当的预算性收入　/ 78
　　　部门经营要通过部门经理上传下达、贯彻到位　/ 80
　　部门经营：用产出投入进行计划和分析　/ 80

内部市场化：突破导入部门经营的难点 / 85

　　总务、人事和财务等职能部门的经营 / 85

　　管理办公用品的女员工怎么做个人经营 / 87

　　运输班（司机组）的部门经营 / 89

　　设备维护和售后服务部门的经营 / 90

　　售后服务维修配件科的部门经营 / 92

　　产品开发部门的经营 / 94

　　采购部门的经营 / 97

　　营销部门的经营 / 98

划小经营单元，部门经营成功的六大关键点 / 103

上级在部门经营体制中的四大责任 / 106

领导人要在不断反省中推进部门经营 / 108

第 4 章 | 稳健经营：不自我毁灭的十大条件 / 111

稳健经营：在不自我毁灭的条件下开展经营 / 112

稳健经营的十大条件 / 112

　　拥有"绝对不让企业倒闭"的经营者精神 / 113

　　定量地而不是定性地找出避免企业自我毁灭的

　　　条件 / 114

　　实行堤坝式经营 / 119

　　保持经营力的平衡 / 123

　　持续不断地弥补弱势，创造日新月异的经营 / 124

　　经营时不超过企业的能力极限 / 125

　　尽全力消除浪费 / 126

建设具备自我反省能力的组织 / 127
预测未来，预先布局 / 129
提高全体员工的志向 / 130
补充说明：消除浪费的方法 / 131
用红单和黑单找出隐藏的费用 / 132
消除隐藏费用：依靠全员觉悟和团队合作 / 134

第 5 章 | **数字时代：基于情报的敏捷经营** / 139

企业经营需要市场情报 / 140
以情报为中心的企业将会处于领导地位 / 140
企业情报工作的 12 条规则 / 142
提高情报管理的成熟度 / 149
信息时代，以情报为核心推进主业经营 / 150
情报将是使企业走向成功的唯一因素 / 153

第 6 章 | **现场经营的领导力修炼** / 155

领导力的多样性和特点 / 156
不同职业的领导力差异 / 156
因人而变：领导力的真正主角是追随者 / 158
领导力因位而变、随势而转 / 159
企业领导力：将努力转化为成果 / 162
企业领导力：发挥人才整体能力的四个要点 / 162
连接领导者和追随者的六大要素 / 163
利益：用利益诱惑员工不属于领导力范畴 / 164

权力：由权力形成的领导力会扭曲领导者人格　/ 164

道德：光有德行不足以在困难情况下长期履行

领导者职责　/ 165

感动：感动不是领导力的一个持久要素　/ 165

信赖感：来自员工的情感评价　/ 166

共鸣：激发出共同的使命感和责任感　/ 168

领导者应努力做到的十点　/ 169

确立怀有自我信念的经营哲学　/ 170

喜欢工作并享受工作，包括其中的痛苦　/ 170

拥有被他人喜欢和尊重的品格　/ 172

心中有对人的爱并表达出来：予人以极致深情　/ 172

严格对待工作：予工作以无限严谨　/ 174

变得开朗和富有幽默感　/ 178

对未来怀有梦想　/ 179

培养广泛的常识和远见　/ 179

使命意识与努力成长：现在就给下一个职务

充电　/ 180

保持健康：做好自己的健康管理　/ 180

发挥领导力的六大步骤　/ 181

领导力和教育、交流：

向同伴学习并教育同伴　/ 186

领导者必修的十个要点　/ 188

相信部下，相信人性本善　/ 188

衷心祝愿部下成功　/ 189

陈述事实，透明经营　/ 189

亲临现场，发现真相 /190

怀有诚实的心，读懂真相 /193

站在部下的立场思考，真正理解对方 /193

找出部下的优点，给犯错的部下以新动力 /193

让部下成功：成功是成功之母 /193

为部下长面子：让员工有面子，激发新活力 /194

虚心向部下请教并感谢部下 /195

对跨部门员工的领导力：成为可亲、

可靠的伙伴 /195

风气是前任领导者的遗产，以明朗的

心情建设新风气 /197

第7章 | 事业计划："三位一体"的业务增长规划 /199

巨型喷气式飞机和酱菜店：

为了十年后的可持续发展 /200

贯通战略 – 战术 – 战斗力 /204

对时代变化处理不当，必定会迎来寿命终点 /204

克劳塞维茨的《战争论》与现代企业管理：

战略 – 战术 – 战斗力 /205

预测变化，选择适应变化的新路线和必要的

改革方案 /216

年度经营计划的定位和作用：为了实现整体

经营目标 /219

长期规划：为了生存的战略构想 /220

长期规划的使命、性质和时间跨度 / 220

长期规划的四大内容 / 225

长期规划的根本：确保有用和有效的两个条件 / 227

长期规划的工具：产品定位管理 / 228

长期规划成功的关键 / 236

中期规划：为了改善企业体制的战略 / 238

 中期规划的使命、性质和时间跨度 / 238

 中期规划的三大内容 / 239

 制订中期规划的根本：一边是长期规划，另一边是
  经营体制现状 / 241

 制订中期规划的"三件套" / 242

 中期规划成功的要点 / 247

年度计划：活在现在的战术计划 / 249

 年度计划的使命、性质和时间跨度 / 249

 年度计划的内容：详细的行军地图，激发新
  创意 / 250

 制订年度计划的根本：坚守基本路线，考虑战场
  变化 / 250

 确保年度计划成功的五大关键点 / 251

"三位一体"的业务增长规划：
 将长期规划、中期规划和年度计划打通 / 252

第 8 章　发展经营哲学，让经营之树长青 / 255

松下幸之助的经营理念 / 256

　　　　企业道德比领导人天赋更重要　/ 256

　　　　松下幸之助的 17 个基本理念　/ 259

结束语　自主责任经营，绽放智慧的花朵　/ 271

特别补充资料　突破危机的经营学　/ 273

总　序　FOREWORD

儒家思想、日本商道与松下幸之助

　　在中国，历史悠久的企业被称为"百年老店"或"老字号"。根据日经BP在2020年的调查，全球百年企业有80 066家，其中33 076家是日本企业，占全球百年企业的41%。也就是说，日本是世界上拥有百年企业最多的国家。全球拥有200年以上历史的企业有2051家，其中1340家是日本企业。㊀

　　为什么日本有这么多长寿企业？因为很多历史悠久的日本企业都有自己的"家训"和"家规"，被后继者传承和遵守。

　　日本伊藤忠商事株式会社是为数不多的综合性贸易公司之一，继承了近江商人的经营理念，其核心是三方好（买方好，卖方好，社会好）。也就是说，企业不能只关注自己的利润，还要回应客户和相关方的期待，从而为社会做出贡献。

㊀　雨宮健人. 世界の長寿企業ランキング、創業100年、200年の企業数で日本が1位［EB/OL］.（2020-03-18）［2022-06-06］. https://consult.nikkeibp.co.jp/shunenjigyo-labo/survey_data/I1-03/.

大丸松坂屋百货的"家训"是"先义后利",茂木家族㊀的"家训"是"家人需以和为贵,切记德为本、财为末"。它们绝不做无义无德的生意。在它们看来,利润不是目的,而是企业为社会做出贡献后获得的回报。由此可见,这些百年企业的"家训"深受儒家思想的影响。

儒家思想大约在公元5世纪传入日本,公元6世纪佛教也传入日本。儒家思想被僧侣和贵族作为教养来学习,在16~17世纪被武士阶层作为统治思想付诸实践。

18世纪初,一位名叫石田梅岩㊁的町人思想家,深受儒家和佛教思想的影响,开始倡导石门心学,他的弟子更是在日本各地开设心学讲舍,向平民百姓传播儒家的道德观。在明治维新前的100年里,日本各地共开设了173所心学讲舍。

大约在同一时期,大阪商人在船场㊂成立了一所专门面向大阪商人的学堂——怀德堂,是商人学习儒家思想的场所。

像心学讲舍和怀德堂这样对平民百姓和商人传播儒家思想的场所,对大阪商人群体的经商之道产生了巨大影响。18~19世纪,儒家思想作为一种普遍的道德观念渗

㊀ 茂木家族,拥有日本著名的酱油品牌"龟甲万"。
㊁ 在日本近代化的历程中,町人阶级(城市商人)迅速发展。石田梅岩是日本江户时代的町人思想家,创立了石门心学。该学说的着眼点是处于士农工商中身份最低的商人,主张商人存在的必要性和商业赢利的正当性,也强调了商人应该"正直赢利"和"俭约齐家"。
㊂ 船场,日本地名。

透到日本的平民阶层。

1904年，松下幸之助在小学四年级中途辍学，到1910年为止的这6年，他在船场度过了多愁善感的少年时代。就是在这个时期，他亲身体会到以船场为代表的经商之道——关西商法。

关西商法的根本是"天道经营"，也就是顺应天道，正确经营。正确经营的思考方法有三种：奉公（遵纪守法，报效国家）、分限（安守本分，不做超越自己能力的事情）、体面（坚守信用，获得信赖）。正确经营的行为准则有三条：始末（以终为始，确定目标，定期结算）、才觉（求创意，差异化经营）、算用（做好成本管理）。这些思想在松下电器的纲领[一]、信条[二]、七精神[三]及组织、制度中被运用，传承至今。

日本的大实业家涩泽荣一出生于1840年，被称为"日本现代经济之父"。他一生参与了500多家公司的创建，包括引进欧美的合资公司制度和现代工业。涩泽荣一倡导道德与经济合一，他的著作《论语与算盘》在100多年后的今天仍然被众多商业领袖广为阅读。

受儒家和佛教思想的影响，诞生于江户时代的关西商

[一] 纲领：贯彻产业人之本分，努力改善和提高社会生活水平，以期为世界文化的发展做贡献。

[二] 信条：进步与发展若非得益于各位职工的和睦协作，殊难实现。诸位应以至诚为旨，团结一致，致力于公司的工作。

[三] 七精神：产业报国之精神、光明正大之精神、团结一致之精神、奋发向上之精神、礼貌谦让之精神、改革发展之精神和服务奉献之精神。

法，通过涩泽荣一、松下幸之助和稻盛和夫等商业领袖的思考、实践与传承，今天仍然是日本企业长寿经营的思想支柱。中国的企业家们已经关注到这一现象。我们期待松下幸之助经营哲学书系能够给大家提供有益借鉴。

木元哲
松下电器（中国）有限公司前总裁
零牌顾问国际导师
中国广州
2022年6月

推荐序 FOREWORD

不断提高作为经营者的觉悟和能力

本书是松下电器微波炉事业部部长、松下住宅电器有限公司（松下电器下属分公司）总经理小川守正先生为想成为企业家的人写的经营指南书，体系化地介绍了作者在困难的环境下学到的一系列经营知识。

- **血尿：艰苦卓绝地努力成长**

松下电器中有"血尿"一词，出自创业者松下幸之助关于人才培养方法的重要讲话。松下先生认为，比起别人传授知识，亲身体验到的认知更重要。松下先生也通过这种方式获得了经营知识，并拥有了被尊称为"经营之神"的能力。

松下先生用这样的办法培养人才：将未来经营者的候选人放在严酷的经营环境中锤炼，让他们在严酷的环境下甚至付出血尿的代价，艰苦卓绝地努力成长。这本书的作者小川先生就是被锤炼的最后一代。在这本书中，小川先生试图将从这种"魔鬼式训练"中获得的知识传递给后辈。为了让读者更好地阅读这本书的丰富内容，作为管理学学者，我想为大家提供一些建议。

▪ 经营之树：树干是企业家的必备基础

要想成为企业家，必须掌握广泛多样的知识，具体需要掌握哪些知识，读者可以阅读导论中关于"经营之树"的内容。通过学习这部分内容，读者能清晰地辨识出自己目前缺乏哪些能力，需要弥补哪些不足。要成为企业家，没有必要精通所有领域，枝叶的部分可以交给部下学习，但是树干的部分是企业家必须拥有的基础知识，需要企业家认真学习和掌握。关于企业家必备的基础知识可以参考第1章。

树干的部分能力可能在一个人就业前就已经确立，就业后可以在工作中向优秀的前辈企业家学习，继续打磨。本书的作者就是这样向松下先生学到了很多知识。

▪ 企业家的价值在于贡献社会

除此之外，小川先生在甲南中高（旧制）时代受到甲南学园创始人平生钊三郎先生的熏陶，受益匪浅。后来为了敬爱的平生先生，小川先生在甲南医院经营困难的时刻临危受命，利用在松下电器积累的经验突破危机。

平生先生在东京海上保险有限公司（现东京海上日动火灾保险有限公司）伦敦分店工作的时候，曾力挽狂澜，将公司从破产危机中解救出来，如果考虑他的贡献，平生先生完全可以成为公司的股东，但他还是继续作为高管为公司做出贡献。

平生先生回国后担任东京海上保险有限公司的大阪和神户的支店长，并在那个时代创立了甲南学园的幼儿园和小学。因为是职业经理人，所以没有董事那样多的资产，于是他向住在吉村（现神户市东滩区住吉）附近的投资家募集捐款，创立了甲南学园的幼儿园和小学，后来又创立了甲南学园的中学（旧制）和高中（旧制），最后创立了甲南大学，还为当地社区建设了甲南医院（现甲南医疗中心）。

还有一个故事，平生先生说服那须善治先生——一位玩股票赚了很多钱的邻居，投资推动建立了日本最大的生活合作社（COOP）。当时因为大量有钱人搬到他们的社区，导致物价上涨，为了提供优惠的生活用品，他们成立了购买合作社，后来合作社又与神户采购公司合并，成为现在的COOP。此后，平生先生又致力于重建陷入经营危机的川崎造船所（现川崎重工），这也是企业家对社会的贡献。

▪ 自主责任经营：以现场为中心的全员经营

本书可以满足不同类型的读者需求，如果今后想成为事业部总经理或公司总经理，请认真阅读本书。若是想从"土生土长的管理者"晋升为经营者，请首先学习第3章中的"不要把经营做成管理，而要把经营做成经营"部分谈到的管理和经营的区别。管理和经营是不一样的，优秀的管理者未必能成为优秀的经营者。

对于不善于建立授权管理体系的创业者，请阅读第3章，部门也可以成为培养未来经营者的场所。很多企业采用事业部制，日本最早建立事业部制的企业家是松下先生，在事业部制下，事业部经营由事业部总经理负责，同时要对经营结果负责，否则会被严肃追责问责，小川先生就是这样成长起来的企业家。部门经营是松下电器的事业部制进一步下沉的组织管理方式。

如果你认为自己公司的年度经营计划体系没有发挥好作用，请仔细阅读第 7 章。

本书的重要主题是部门经营。划小经营单元、实施部门经营是作者给出的经营方式，也可以被称为微型事业部制。松下先生希望每个员工抱着商人的心态进行工作，这被称为"员工创业"，而部门经营则是将其组织化的产物。将少数集团或个人视为独立的商店，通过计算毛利润来观察部门经营的成果。这种方式是以北海道的营业部门的"科室"为单位，明确利润责任，并让其进行自主责任经营而开始的，之后扩大到没有销售额的部门。

部门经营方式是以"现场的人最了解现场"的信念为基础，试图将重心转向现场的经营方式。这种经营方式与质量管理的小集团活动相似，但也有差异。质量管理是自愿参与，部门经营则是公司业务。虽然与京瓷的阿米巴经营这种经营管理手法相似，但京瓷的阿米巴经营是从制造现场开始的，部门经营是从营业现场开始的。部门经营也许可以说是适合以营业为主导的松下电器的方法。

▪ **经营理念指引稳健经营**

本书有两个特点。第一个特点是有关经营理念的解说。松下先生既是小川先生的领导又是他的老师，是一位重视经营理念的经营者。小川先生对经营理念进行了深入浅出的解说。根据他的科学分析，经营理念分为三类。

  第一类是关于经营目的的理念，松下先生说，松下电器的经营目的不只是获取利润，更是通过事业对社会做出贡献。第二类是关于经营做法的理念，松下电器的事业部制、自主责任经营都是这种理念的表现。第三类是关于经营变革的理念，即关于适应时代变化的经营方法的理念。

  松下电器经营理念的中心之一是自主责任经营。小川先生将自主责任经营的责任分为四个部分：①对客户的责任；②对员工的责任；③对股东的责任；④对社会的责任。

  本书的另一个特点是，对稳健经营赋予了明确的定义，这是为了规避采用事业部制而出现过分追求利润的弊端。除了利润，还有其他重要的评价标准。小川先生论述了稳健经营的十个条件，建议企业家检测一下自己的经营。最近，企业分配结构制度改革的结果出现了"只要提高利润就行"的风气，为了纠正这种风气，请参考本书的标准。

  受新冠肺炎疫情的影响，面临危机的企业正在增加。在这样的环境下，是有勇有谋的企业家上场的时刻了，希望这本书可以帮助读者提高作为经营者的觉悟和能力。

加护野忠男
神户大学社会系统创新中心特聘教授

THE TRANSLATOR'S WORDS  译者序

企业如何穿越历史风云：
松下幸之助经营哲学的百年实践和借鉴

　　无一例外，只要持续经营，任何企业都会遭遇危机，为什么有的企业能够延续百年以上，有的企业却在高峰之巅轰然倒塌？是什么使企业穿越经济周期和内外危机，从历史走向未来？企业如何穿越历史风云？

　　日本松下电器走过风雨百年，是美国学者提出企业文化理论的原型企业。松下幸之助说，我没有什么了不起的秘诀，遵循天地自然之理去做就可以了。概括而言，与宇宙的法则一致，简言之，与春夏秋冬保持同步去生存。下雨就打伞。

　　松下幸之助的嫡系子弟小川守正在本书中写到"树立正确的经营理念"。只有正确决策、正确行动并顺应大势，企业才能在纷繁多变的时代浪潮中坚守与应变。

　　经营哲学是企业对自身和人类社会的系统认知。企业是谁？企业从哪里来？企业要到哪里去？经营哲学要回答的三个问题，实际上是企业的本质、经营的本质以及如何长期经营下去这三个问题，是解决企业安身立命的根本性问题。

关于经营哲学"三问",松下幸之助的思考和实践具有代表性。

企业是谁？ 企业是社会的公器。企业来自社会,属于社会。

企业从哪里来？ 企业为了贡献社会而创立——大义经营。

企业要到哪里去？ 企业要回归社会,永续经营下去——天道经营。

只有在这三个问题上建立正确的认知,企业才能长期坚守正念、良心经营,才能真正融入社会、跨越国界,对人类做出贡献,遵循天地规律,与地球和人类生态永续共存。

本书就是这样一本分享如何构建组织力、迈向基业长青的专业书,作者小川守正在职业前期经历了两家企业倒闭,之后在松下电器工作 28 年,经历各种经营困境,穿越四次经营危机,深刻地意识到经营哲学是企业长期发展的命脉,退休后小川守正进入大学担任管理学教师,在 PHP 研究所做研究,晚年受邀撰写了这本书,全面介绍松下电器的经营哲学实践体系和经营心得。

经营之树,理念是根。经营理念包括目的理念、行动理念和革新理念。目的理念指引企业用义利观正确地决策。行动理念指引企业采用正当的方法和手段经营——正确地行动。革新理念指引企业推进改革、顺应大势——在变化的时代潮流中活下去。

在三大基本经营理念的指引下,尊重人性、开展自主责任经营,能最大限度地履行经营者的四大责任:让客户满意,尽量提供高于同行的工资,确保每年适当的分红,履行纳税义务。为此，企业必须保持一定程度以上的自有资本，创造合理的利润，拥有自有技术和独特的经营手法。

用经营型的组织做经营。划小经营单元（BU），实施部门经营，让每个部门都像一个小公司一样经营，打造令员工满意的职场，激发员工的智慧和创意，训练懂经营的人，打造快速敏捷的经营。这一套管理体系，就是松下电器的"商店经营"，也是京瓷阿米巴经营的前身，基于自主责任经营激发组织活力，向上发展是事业部（BD）、二级集团（事业群，BG）。

领导人要在不断反省中推进部门经营，不再发号施令，把整体经营目标作为大前提开展行动，防止部门经营变质，表扬、鼓励、指导、建议、支持、援助和斥责成为领导人的新任务。

绝不能让公司倒闭——这是领导人和企业全员必须坚守的最高信念和最高责任。在不自我毁灭的条件下开展经营——这是稳健经营的行为准则。用今天的话概括小川守正的观点，就是：一切倒闭的企业都是自己"作死"的，"绝不能让公司倒闭"就是要稳健经营，不"作死"。

关于稳健经营，小川守正总结出十大条件，读读标题都觉得醍醐灌顶：①拥有"绝对不让企业倒闭"的经营者精神；②定量地而不是定性地找出避免企业自我毁灭的条件；③实行堤坝式经营；④保持经营力的平衡；⑤持续不断地弥补弱势，创造日新月异的经营；⑥经营时不超过企业的能力极限；⑦尽全力消除浪费；⑧建设具备自我反省能力的组织；⑨预测未来，预先布局；⑩提高全体员工的志向。成功的企业各有各的成功，折戟沉沙的企业基本上都是在这十大条件上犯下重大错误。

绝不能让公司倒闭，不但要有守势经营，还要有攻势经营。基于市场信息洞察未来、长远规划，做到守势和攻势平衡，这是平衡经营的一个侧面。日本企业一直把信息称为"情报"，情报是市场变化的自我表达，企业要建立完善的情报系统，我们要有足够的敏感度和捕捉能力，基于情报开展敏捷经营。有趣的是，小川守正论述的经营领域情报论似乎让人进入百年之前的谍战时代，又让当代读者联想到数字资源，遐想数字经济。情报深加工产生全新情报，创造巨大成果；敏感＋冷静、经验＋智慧，从没有价值的情报中读出情报价值；情报整理是技术活：看清情报内在的丰富表情；把情报送给懂情报、用情报的人；透明经营：与全体员工共享情报，强大团队；平等交换规律：情报收集量与情报释放量成正比；提高情报管理的成熟度。以情报为中心的企业将会处于领导地位，"情报将是使其走向成功的唯一因素"。小川守正的论断是有时代意义和长远影响的。

基于对未来的洞察，思考10年后、思考下一代产品，日本企业大都会做长期–中期–年度"三位一体"的事业计划，其本质是：预测变化，选择适应变化的新路线和必要的改革方案，用中长期业务增长规划踏实地推进改革。

如何制订长期规划、中期规划和年度计划？如何贯通战略－战术－战斗力？松下电器从使命、性质、内容和时间跨度四个方面，在同一个时间轴上对长期规划、中期规划和年度计划进行定义和设计，"三位一体"、一以贯之，形成一套完整的、有机的企业管理体系，确保公司大方向基本正确、年度作战充满活力。

长期规划是为了生存的战略构想，中期规划才是真正意义上的战略，年度计划是作战计划。读过这本书之后，不得不承认以松下电器为代表的诸多日本企业，其管理体系确实非常扎实、细致。在这本书的第7章中，一张贯穿未来8年、将销售额增长3倍的规划图（见图7-14），直观地呈现了百年企业着眼长远、立足当下的管理成熟度。

中小企业也要预测未来，为了10年后的发展，坚持用现有业务滋养新业务。小川守正晚年帮助了很多日本企业，他谆谆教导年轻领导人。

日本企业作为一个独具特色的群体，既有诸多共性优点被全球广为传颂、备受推崇，也一样丑闻频发被世人诟病。卓越实践、瑕不掩瑜，这几乎是所有国家企业群体的写照。经历一生经营风雨，小川守正在收官之时深刻地感悟到：发展经营哲学才能让经营之树长青，企业道德比领导人的天赋更重要。除了"天才"企业家，企业成功还有很多其他因素，企业要健康发展首先要有正确的企业道德，领导人追求高尚的企业道德会影响员工，让员工也追求它。

全球长寿企业最多的国家是日本，从江户时代开始，数百年来日本企业家群体都爱读中国的国学典籍。

企业如何穿越历史风云？日本经商之道——关西商法，是实践出来的经营哲学，融合了中华传统文化的精髓，代表作是涩泽荣一的《论语与算盘》。

正因为如此，松下幸之助经营哲学的百年实践，值得广大中国企业家学习和借鉴。

祖林

零牌顾问董事长、技术导师

2022 年 6 月

中国广州

PREFACE 再版前言

　　我既不是专业的学者，也不是视野广阔的评论家，写与经营相关的书，是我过去没想过的，在PHP研究所江口先生的劝谏下，无意中出版了这本书，这本书又意料之外再版，甚至还有了英文版和俄文版。想到这本书对大家多少还是有些帮助的，就更加喜出望外。

　　这本书的内容就如副书名[一]所写的那样，是向松下幸之助学习，在松下职场与社会中获得的经验之谈。

　　借这次再版的机会，我追加了第8章关于松下幸之助的经营理念的内容。我才疏学浅，但还是添加了这一章，希望能对读者从另一个角度理解这本书的内容时有所帮助。最近看到很多企业的丑闻，我作为松下电器的老高管也谈了一些想法。

小川守正
1992年3月

[一] 本书的原书名为《实践经营学：向松下幸之助学习的自主责任经营是什么》。

初版前言　PREFACE

　　我既不是学者,也不是经营评论家,仅仅是亲临现场体验过经营的人。因此,这本书没有学术上的内容和体系,只是我的经验之谈和建议。在写这本书的时候,我并不是想让大家读这本书来学习,而是抱着和各位读者一起学习的心态来写的。当然,因为是以书的形式,所以不能互相交换意见、畅所欲言,正是由于我抱着这样的心态,如果能收到各位读者的评论和意见,那真是三生有幸。

　　说起用写书来交换意见,有必要阐述一下我产生这个想法的经过,但这不是什么值得推崇的经验之谈,所以请允许我用自我介绍来取代它吧。

　　战争时期,我从九州帝国大学(现在的九州大学)工学部航空工学科提前半年毕业后,就职于一家飞机制造公司。当时工厂中的质检人员约占制造工人的一半,即使是这样,工厂还是接连不断地生产出不合格品,"日本制造"成了粗制滥造的代名词,传遍世界。在短短不到40年的时间里,"日本制造"竟然变成优质产品的代名词,作为生产者,我真是无限感慨。

另外，我作为海军的预备生去参军，虽然基本上没有参加实战，但在如今看来，这也是一种珍贵的体验。

战争结束后，因为航空技术人员成了无用之人，我丢掉了工作，在小工厂做像车工这样的工作。这是付计件工资，出现次品要赔偿的包工作业，我觉得这是最彻底的自主责任经营，那家公司也因为买不到原材料，一年多就倒闭了，我失业了。

不过，世界很快进入了冷战时期，由于得到美国的指导和支持，日本各大工业得以复苏，我也在某个小汽车公司找到了工作。当时一下子冒出了30多家汽车公司，虽然看起来一片欣欣向荣，但是日产、丰田这样的大公司也就千人的规模，其他公司大都是200～1000人，和现在的日本汽车工业界相比可谓天差地别，我见证了这些汽车公司当中很多小公司倒闭，后来诞生了本田，日本汽车工业界才有了如今的样子。

大概是因为对日本当时实在糟糕的品质及恶劣的劳动条件抱有不解和同情，盟军最高司令官总司令部主办的质量管理和工会的讲习会在各地举行。我选择参加了工会的讲习会，在8年的工作当中有6年多深入工会这个领域，因此获得了很大的成功。我见证了当时令舆论哗然的日产、川铁大争论，也见证了我自己入职的公司倒闭，在长达数月的生产管理争论中甚至出现了自杀未遂这样悲惨的事件。

那时，在与松下电器交涉关于工会会员就职一事时，不知出了什么差错,没想到连我也算上了,于是我在35岁成了松下电器的临时职员。

此后,我下定决心"唯不做坏事与工人运动",打算认真工作。我在第一次被分配到的工厂里幸运地得到了与其说是日本,不如说是世界顶级质量管理大师石川馨、唐津一的亲切教导,以此为契机开始学习,并与深尾吉志先生一起获得了戴明奖[一]。

之后,我转行到电化研究所,再次回到技术岗位工作了6年,当时具有划时代意义的主题是让年轻人自由、大胆地研发产品,然后去生产部门使自己研发的产品实现商品化。作为一个生产者,这是件非常有趣的工作,在此过程中,我积累了丰富的学习经验。我真心感谢当时的上司榎坂先生(原松下电器专务)和曾经的下属们。

一天,我做了微波炉的试制品,拿给松下幸之助社长看。松下社长对我说:"做到这个程度了就试着卖一下吧。对这个最了解的是你吧?那就交给你了。从今天开始,你就是经营者了。"就这样开设了微波炉部门,我被任命为部长。那时,松下社长还对我说:"就算再这样继续研究下去,你也只能止步于学问研究。通过售卖可以知道顾客和零售商的各种不满和要求。以此为新的主题反复研究、改善,使试制品成长为商品。如果能从顾客那里得到'我愿意支付高于成本价的价格'的评价,那么这部分就是利润,你就能给你的部下发放足额的工

[一] 日本质量管理的最高奖。

资。"虽然那时我还想着"经营之神"的话也不过是这种水平而已，但我至今仍坚信这才是经营的根本。

我们拥有内部资本200万日元，运营资金400万日元。人员仅20余名的独立核算的单一部门（迷你事业部）成立了。但是，从这里开始才是大问题，我此前只有技术部门的经验，对经营一无所知，以为只要加上松下电器的NATIONAL标志，那些销售公司和零售商就会自动地贩卖。但是过了一个月连1台也没卖出去。那也是当然的，因为销售公司和零售商也是自主经营，只采购能够卖出去的商品。我的微波炉售价100万日元㊀（只是一个进口磁控管的零部件，成本就要12万日元），根本不在销售公司和零售商的考虑范围内。要是有七八个这种微波炉的库存，就把资本金与运营资金全占了，连发工资的钱都没有。这时，我才感受到"给你的部下发放足额的工资"这句话的重量。全员不得不上街寻找会买100万日元微波炉的好奇心重的顾客，不断地进行上门推销售卖，从而学会了经营。这时，我才深刻领会松下社长所说的"经营的课程既可以学也可以教，但是经营既不能教也不能学，只能自己领会。自己领会要有演练场，松下电器就是那个演练场，社会是更大的演练场"。

当时，因为人数很少，事业部的全体成员就在装配线周边摆了桌子，库存情况也一目了然。有人说："库存增加

㊀ 这种微波炉是松下电器于1963年发售的，型号是NE-100F。当时，一个家庭的平均月收入是63 396日元，1台微波炉的价格相当于一个家庭16个月的工资。——译者注

了啊,现在该出去推销了吧?!"也就是说,经营在触手可及的地方。然而随着事业的发展,松下电器达到数百人的规模,部门科室大量增加,管理体制不断完善,即使销售计划没有完成,各部门也分别有了"这不是我的责任"这个最主要的借口。这是企业规模扩大后的自然归宿,为了克服这点,事业部独立经营就诞生了。

家用微波炉刚开始销售的时候,被《生活手册》杂志评价为"这个愚蠢的商品",因此销售非常吃力。不自带材料上顾客家里拜访,不现场使用,就卖不出去。我们雇用了400名女士,她们是会做饭的销售员,事业部的人员有60%以上是销售人员。因为她们创造的年销售额有40亿日元,在认识到女性强大力量的同时,也想到正是因为松下社长的"托管经营",我们部门才总算得以生存,最终成为年销售额1500亿日元的事业部。

我更是在之后被任命为子公司的总经理。通过几次严重事件,我亲身体会到松下社长以"完全委托的同时,做他们成功的后盾"为主旨的自主责任经营。有时松下社长会斥责我"头一次见到你这种顽固不化的人",有时又会抱着我,拍我的肩膀说些慰劳的话。虽然这些都成了回忆,但是"对工作始终保持严格,对人拥有无限爱意"的老师的身影仿佛总是依稀可见。

1984年,我从松下电器退休后在大学接触了许多学生,也作为顾问多次接触了很多公司的一线员工,积累了宝贵的经验。

当我在 PHP 研究所的讨论会上谈到我从这些体验中获得的经验时，研究所的江口克彦专务鼓励我把这些整理成书，从而促使我写成这本书。也是出于这样的原因，我多次得到谷口全平研究本部部长的建议。我从他们那里得到了很多帮助，也给他们添了很多麻烦。我想因本书欠缺连贯性，有些顾此失彼，在此向各位读者表示歉意。最后，向认真校对我这混乱拙作的第一出版部的水门启和先生深表感谢。

小川守正
1990 年 1 月

导　论

让经营之树万古长青

　　关于经营之树，说到底，树干的核心部分是经营理念。重要的是，要在此基础上根据外界风暴的状态制定"当前的方针"以及"明确的目标"，与全体员工共享并透彻理解。

从第二次世界大战时期算起，40多年来我先后供职于4家企业，在此期间接触了众多经营者，我本人也在长达20年的时间里担任企业经营者——不是身为雇主的经营者，而是受雇用的经营者，这大大丰富了我的经历。

在肩负经营责任的时候，我总是忙于完成当下的目标，比如当月的销售额、年度利润，等等，这些问题时时萦绕心头。卸任后，我终于得以静思过往，思考什么是经营，当回首自己走过的路时，我不禁感慨，"经营，是伫立于风暴中的树"。

▪ 经营是伫立于风暴中的树

经营的业绩好比是树叶，枝繁叶茂时表明树生长得茁壮旺盛，说明经营状态良好，可是，树所处的气象环境是不断变化的。

有时风调雨顺、日照充足，树生长得滋润；有时风暴袭来，折树枝毁树干，遇上异常干旱气候，树甚至会枯死，最终叶凋枝折，惨不忍睹。在这种境遇下，如果树希望生枝发芽，重获新生，恢复青翠，就必须有坚实的树干，如若树干已毁，则再无望重生。

企业经营也是同理。经营环境总是反复不断地发生着巨大变化，就好比天气变化一样。经济高速增长期对于企业来说，就像是适合树生长的绝好的气候环境；而石油危机和突如其来的日元升值，则仿佛是狂风暴雨来袭，曾经支撑着日本经济、全球领先的造船业、钢铁业巨头公司也日渐枝叶凋

导 论
让经营之树万古长青

零,陷入结构性萧条,背上了巨额赤字,更有甚者,树干折断直至倒闭。风暴过去,虽然恢复了风平浪静,但是未来,风暴和干旱仍会毫不留情地袭来。究其原因,乃是目前行业间的隔阂已不复存在,跨行业的市场竞争来得异常迅猛——不知何时何地会出现意想不到的强敌。不讲仁义的竞争,不可掉以轻心的技术革新、贸易摩擦,发展中国家的迅速崛起,激烈动荡的世界局势,剧烈变动的金融汇率等,不一而足。纵然今天置身顺境的企业,总有一天必定会遭遇这样的大风暴。

无论什么样的大树,在遭遇风暴时树叶都会散落,树枝都会折断。树干,是让树获得重生的力量。图 0-1 中的经营之树是根据我的经验绘制的。

▪ 经营就是创造

关于经营之树,说到底,树干的核心部分是经营理念。重要的是,要在此基础上根据外界风暴的状态制定"当前的方针"以及"明确的目标",与全体员工共享并透彻理解。

松下幸之助说过,经营就是创造。能不能做到持续经营,取决于加入多少新的创造。经营理念、方针与创造力相结合,产生出企业独特的经营手法,这也是企业发展的动力之源。可以说,松下幸之助就是发挥创造力,将自主经营的理念具体落实为事业部制的组织运营。从 1932 年实施事业部制以来,松下电器从一家小作坊发展成今天的大公司。丰田汽车的看板生产方式(零库存生产方式)、丸井集团的信

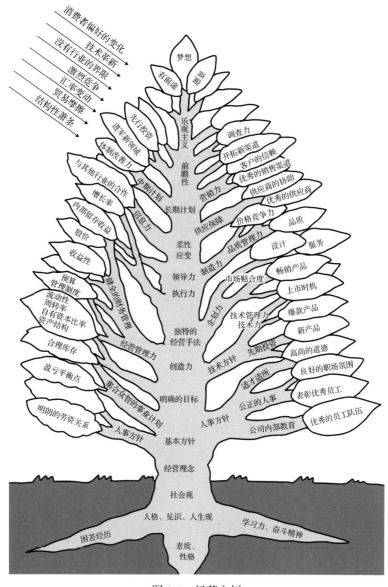

图 0-1 经营之树

用方式和温情活动等也是"经营就是创造"的成功案例。

我们需要强调领导力的重要性。如果没有强大的领导力,树干下方的内容再充实,经营之树也无法实现枝叶繁茂,一旦遭遇不测,树干就可能折断。

风暴何时来、从哪里来是难以预测的,因此,应变和柔性不可或缺。

▪ 经营最重要的是乐观主义

在经营的过程中,最重要的是乐观主义。晦暗低沉的经营,就算当下业绩不错,终归会以失败告终——经营必须要有乐观主义精神。为了实现乐观主义的经营,人们可能会想到薪酬、福利等条件,我认为最根本的是"梦想"——没有梦想和愿景的经营,即使其他条件再好,也不可能实现乐观主义。

在经济高速增长期,只要认真努力,沿着现行路线前进就可以实现梦想。这种情形在今天已经被彻底改变了,我们面对的是瞬息万变的时代,我们必须基于明确的未来观点和长期规划来制定战略,否则梦想越宏大,落空的可能性也就越大。必须制订长期规划,为实现这一规划还要制订中期计划,不断改善经营体制。

以上内容是经营之树的树干部分,树干是由企业的经营干部组成的,树干的各个部分都缺一不可,最重要的是"经营理念、领导力和梦想",必须切身掌握而不是表面模仿。这一点是无法借助他人的智慧或建言来实现的。

同时,也不要忘记,经营理念的根基——社会观、人生观,是基于个人的经历、学习和努力而形成的。

这棵经营之树是根据我的经验绘制的,希望读者可以想象、描绘出自己的经营之树,让公司的经营更加健全,让公司的经营之树枝繁叶茂。

CHAPTER 1
第 1 章

树立正确的经营理念

我从事了 60 年的事业经营,通过自己的经验,深切体会到经营理念的重要性。

公司为什么而存在?经营的目的是什么?以什么样的方式开展经营?我们应该始终坚持这些最基本的思考方式……为了持续健康地经营下去,首先要从经营理念开始,这是我通过 60 年的经验切身体会到的。

——松下幸之助

在经营理念的指引下正确前行

很多学者和经营者都对经营理念有过论述,松下幸之助在《实践经营哲学》中是这么说的:

我从事了 60 年的事业经营,通过自己的经验,深切体会到经营理念的重要性。

公司为什么而存在?经营的目的是什么?以什么样的方式开展经营?我们应该始终坚持这些最基本的思考方式⋯⋯为了持续健康地经营下去,首先要从经营理念开始,这是我通过 60 年的经验切身体会到的。

这正是将"经营之神"的切身体验浓缩成至理名言。接下来以此为出发点展开论述。

经营之树,理念是根

我把经营理念比作给树供给养分的树根,如果树根空洞脆弱,那么树很容易在毫无预兆的时候出现无法预料的树干折断的现象。

深究一下很多企业的成功案例,以及面对困境时采取的有效措施,我们会发现,经营理念就是促成这些正确决断的原动力。原来如此!促成经营成果的原动力、做出正确决断的思想和哲学就是所谓的经营理念。

与此相反,有些大型上市公司在面临困境时,经营者的言行举止让人感到奇怪,他们到底在想什么,他们给人的印象是繁茂大树的树根已经空心了。

人们通常认为经营的三大要素是人、财、物。虽然这么说,但是松下幸之助在创业初期具备这三大要素吗?至少在当时是无法和同行业的大企业相比的,毋庸置疑是渺小和脆弱的,而且当时松下幸之助身体孱弱,不具备最基本的健康状态。

在这样的状态下,支撑松下幸之助的是什么呢?我认为只有一点,那就是:对未来有着伟大梦想和对经营理念的深切领悟。回顾松下幸之助70年的经营历程,我一直坚信,将经营理念看作经营之树的根,梦想就会在树顶闪闪发光。

经营理念的三大分类

遵循着经营理念的定义,我们来深挖一下经营理念的内容,可以从三个方面进行思考。

- 与经营目的相关的理念。
- 与经营做法相关的理念。
- 与经营变革相关的理念。

正确决策：与经营目的相关的理念

这项经营是为了什么？自己是为了什么在经营？企业自然而然会思考这类问题，就跟人成长到一定境界会思考"人生是什么"是一样的。

人和企业形形色色，我们不能断定什么样的目的才是正确的，只能说这些不同体现一个人或者一家企业成长到什么水平。

企业并不是没有理念就无法经营，只是没有理念的经营就像漂泊在大海上的船只一样随波逐流，失去了魅力和活力。

正确行动：与经营做法（方法和手段）相关的理念

用经营理念指导经营目的，在实施经营活动的过程中，做法是无限宽广的。不管是多快的捷径，如果不符合经营理念就不能做。不管贯彻经营理念多么苦痛和艰辛，公司也要践行这样的理念——规范经营活动的基准，就是与做法相关的经营理念。

正是基于这种理念，企业对相关方产生影响，同时决定了人们和社会对企业的评价。事实上，成功企业的成果正是源于出色的行动理念的实践，这让人不得不颔首赞许。松下幸之助所说的经营理念，大部分都可以说是强调行动的理念，没有行动理念的目的性理念很可能就是挂在墙上的看板。举一个反面案例，几年前因金钱交易丑闻引发舆论争议的 T 公司㊀，看似有很好的目的性理念，行动却是很罪恶的

㊀ 20 世纪 80 年代初，T 公司在全国范围内向数万名老人推销黄金，形成有组织的诈骗，诈骗金额达到 2000 亿日元。

哲学实践。

行动理念通过实践最终形成企业独树一帜的风气或者情怀，进一步形成企业文化。

目的性理念从经营者的使命感、理想或者梦想中孕育而生。行动理念主要是从人性和之前体验过的众多苦难、失败或者成功中孕育出来的，是企业特有的思考方法。

顺应大势：与经营变革相关的理念

虽然在每个时期，方针和政策不是一成不变的，但是正确的经营理念应该保持和传承下去。同时，因为时代发生了巨大变化，企业也不得不重新思考经营本质，构建经营理念，这是必须直面的现实。甚至为了生存下去，必须建立全新的经营理念，在这种情况下，企业需要革新理念。

⊙案例

很多企业都拥有特殊的、优秀的经营理念并致力于实践，日本生产率本部编辑的《社是社训》这本书中有两个很好的企业案例。

朝日啤酒

经营理念

1）消费者志向：我们以消费者的心为自己的心，致力于生产适应时代要求、适宜新生活的产品，满足消费者的需求和期待。

2）品质志向：我们虚心接受消费者的品质评价，努力提高品质并研究新技术，为消费者提供最优良的产品。

3）尊重人性：我们秉持事业即人性的信念，尊重人性，培养人才，人事公正，努力构建全员能够发挥自己12分能力的、自由而开明的公司风气。

4）劳资协调：我们致力于加强相互理解和相互信任的劳资关系，携手公司发展、提高福利。

5）共同生存、共同繁荣：我们秉持共同生存、共同繁荣的精神，与各交易商及关联公司，建立相互信任的合作关系，承担朝日啤酒集团的中坚责任。

6）社会责任：我们稳定和扩大经营根基，重视经营伦理，诚实遵守社会规范，通过经营活动回报股东和当地社会。

紧迫感使朝日啤酒市场占有率倍增，打破了多年以来麒麟啤酒60%市场占有率、朝日啤酒10%市场占有率的僵局，朝日啤酒的变革理念让人感叹。

伊势丹百货

经营纲领

伊势丹百货以成为世界级企业的目标为自豪，走在时代前列，提高人们的生活质量并丰富人们的生活。

行动指南

1）创意工作：在工作中推行年轻和创意。

2）真诚服务：以始终如一地感谢客户的心态来提供服务。

3）持续进步：明天的工作不能是今天的重复。

4）团队合作：构建团结、良好的职场氛围。

5）坚韧耐压：积极、勇敢地战胜困难。

6）以公司为荣：不管作为公司员工还是社会一员，都以伊势丹品牌为荣。

经营纲领和行动指南通过简洁的语言描述了目的理念和行动理念。

经营理念的诞生和传承

经营是活的，代表其精神的经营理念也随之而生，有健康成长的，也有生病的，有永远保持生机的，也有走向灭亡的。

经营之树的根本是树根，经营理念有各种各样的形态。

经营理念源自艰苦奋斗

当看到企业取得优秀的经营成果，拥有良好的人才储备，不断地繁荣发展时，人们不禁感叹：原来如此，这家企业能够有今天的成就，根源是拥有优秀的经营理念啊！可是，当我们翻阅这些企业的发展史时，就会发现，它们也曾经有过艰苦奋斗的一页，也曾经面临过生死存亡。

经营理念正是创业者在艰苦奋斗和成功失败的体验中总

结出来的,不是一开始就有的,更不会一开始就给企业带来成功,而是在取得今天的成功的过程中孕育出来的。

自然,经营理念不是一蹴而就的。从一次成功或者失败的经验中孕育出来的经营理念,在之后的经验中得以修正,甚至有时候会被否定。最终,在不断揣摩中得到一种思维方式。

松下幸之助在《实践经营哲学》中讲述了自己经营理念形成的过程:

> 说实话,我在创业的初期,并没有明确的经营理念……根据做生意的一般想法,我只是觉得"必须要生产好的产品……必须重视客户,也要感谢供应商",以此为基准忘我地努力工作。在这样的状态下,业务得到某种程度的发展,规模也随之发展壮大。同时我也意识到,只有这样朴素的思想是远远不够的,换句话说,按照商业惯例和社会常识努力工作,其重要性和卓越性自然毋庸置疑,但是我意识到,不能仅仅如此,还要有更高的"生产者的使命",比如为什么要发展这项业务等,追根溯源,就到了经营理念。

经营理念在根本上基于经营者的人格和人性

经营是各种各样的人之间的联系,是一项社会活动。

因此,从这项社会活动中诞生的哲学(经营理念)大多数来自经营者的本性和社会观。人的本性和社会观因人而异,对于同样的经历,不同的人感受也不一样,甚至有时会得出完全相反的结论。这就是人性,是不同的人的本性不同导致的。

人的本性是人们的人生观、道德观和信仰等内容的总和，最底层就是所谓的人格，经营理念归根到底是经营者的人格和最根本的人性的体现，超越了底线就不能被称为经营理念，而是虚幻的假象。

经营理念是基于经营者的人格和人性的根本，从诸多经营体验中孕育出来的，企业研究的课题之一就是对创业者和经营者的人性进行研究。很多企业将合作方的经营者的人品作为判断信用度的重要项目之一，也就理所当然了。

经营理念的虚和实：本相在心中，实像在行动

即使用文章和语言对经营理念进行描述，经营理念的本相也还是只存在于经营者的心中。

说通俗点，就是"阐述心中并没有的东西"。经营理念也有实像和虚像，人们心中的经营理念是实像还是虚像，要通过实践才能判定。

例如，"共同生存、共同繁荣"被很多企业作为经营理念。与社会共同繁荣，与老客户、分包商分享利益，共同繁荣，这是非常好的想法，作为社会公器的企业正应该是这样的。但是在现实当中，虽然标榜优秀的经营理念，却将大量剩余资金用于理财投资、大肆赚钱，用期票向供应商支付货款，这样的例子绝不在少数。实际上企业可能也有没钱不得已的情况，也没打算将剩余资金用于理财投资，但是在分包商看来，企业让分包商承担理财资金，"共同生存、共同繁

荣"的招牌就必须要放下来。在分包商看来,企业没有践行经营理念,这就是虚像。

丸井百货连续20年增收增利,拥有出色的经营业绩,它的经营理念是:"零售行业是服务业,我们以成为世界第一服务水平的公司为宗旨"。丸井百货身先士卒,开创了信用制度,将店铺开在便利的车站前,全体员工轮流担任迎宾员,通过这些实践,丸井百货的经营理念成为熠熠生辉的实像。

经营理念在日常的经营活动中以某种形式被实践,或者我们在实践中将经营理念付诸行动,经营理念才能成为实像。

经营理念扎根于工作作风中,也可能随时间风化

创业者心中萌发的、自觉遵守的、作为自己的信念铭刻于心的经营哲学,会通过当事人的言行举止,传达给周边的人,特别是一起经历过创业艰辛的志同道合者。因为亲身经历过,所以会通过自己真挚的行动,在无声无息之中,将经营理念渗透到更多员工的心中,影响他们的日常行动,同时让周围的人感受到公司的作风,这样,经营理念才得以确定下来并形成公司的一项经营作风。换句话说,经营作风可以被称为经营理念的实践反馈。

经营作风一旦形成,会在长期的实践中,对企业的基本经营产生影响。

时光荏苒,岁月如梭,创业者和创业期的经历者都相继

而去,企业会由新人接替。

不仅如此,随着时代的变迁,人们的思想观念、企业所处的外部环境、企业的立场等都发生很大的变化,甚至有些时候,企业的经营领域也不得不变更,创业以来一直传承下来的正确的经营理念,其中有一部分已经不符合现状。如果继续把它们作为经营理念,就没办法进行实践,就会使经营理念变成形式上的口号和有名无实的看板,让员工和世人看在眼里、疑在心头,这就是经营理念的形式化。它可能随时间风化,这也是经营理念发展的一种路径。

经营理念的贯彻:应对危机时方显经营理念的本色

正确的经营理念是企业的脊梁,经营者需要努力防止它趋于形式化、随时间风化,让它在员工心中得到活用。为此,让员工接触高层次的经营问题,同时对其展开充满激情的教育是很重要的。例如下列方法:

- 年度经营方针发布会。
- 企业文化培训(经营理念课需要领导人亲自授课)。
- 通过早会等途径让员工学习社是㊀、社训㊁、社歌。
- 设定创业纪念日、周年庆典,举办经营理念再学习等活动。
- 开设企业历史课。

㊀ 社是,公司或组织的经营方针。——译者注
㊁ 社训,员工或成员必须遵守的行为准则。——译者注

仅仅一两次或者在想起来时才培训收效甚微，持续地进行培训是很重要的，日积月累，然后回头看看，会发现成功是显而易见的。

松下电器从20世纪60年代开始，每月举行一次董事、事业部长、营业部长等干部一起参加的经营研讨会。会议上，当时的董事长、后来退任顾问的松下幸之助，会回顾自己对经营理念的看法、体验，偶尔还会列举具体的事例进行严厉的批判，总裁和高管就共同话题、事业部长和营业部长就现实课题进行报告，还要谈自己的信念，有时候专卖店的老板也会发表自己的意见。如果只做一次，效果并不明显，但是十几年坚持出席的话，蓦然回首，就会发现松下幸之助的思想已经根植于心。特别地，我并非创业初期加入公司的，根本无法体会到松下电器的历史，完全像个旁观者，但是很快就有了参与创业的感觉。

现在，我的体验之一就是：对经营理念的贯彻起到决定性作用的，是领导层的日常表现和对紧急事态的应对策略。

我依然记得，有一次在访问零售店时，当时担任总裁的松下幸之助怕冷，在车上也要裹着大衣，却在20米开外就下车，脱掉大衣和围巾，亲切地问候大家，然后走进店里；记得在全国销售代理店会议的会场入口，当时担任董事长的松下幸之助对销售代理店的公司员工深深鞠躬，这样的身影，正是内心深处"客户至上"经营理念的自然流露。

对于公司来说，面临严峻的紧急事态，或者重大危机的爆发,需要全体员工一起面对。此时领导层采取的行动和应对措施,会强烈而有冲击力地燃烧着员工的心。

贯彻经营理念:在实践经营中悟道

经营理念原本存在于人的心里,追根溯源,可以分为两种,一种是通过体验在心中形成的信念,另一种是通过耳濡目染在大脑中形成的理解。前一种是体会,后一种是教育、教化,两者之间存在强度的差异。

关于经营理念的传承,不仅仅传承方要有热情,被传承的一方也很重要。如果是学校教育,那么需要后一种经营理念。但是公司员工不是学生,而是社会人士,以及对家庭负有养育责任的具有独立人格的个体,这需要前一种经营理念。

松下幸之助说:"经营的课程既可以学也可以教,但是经营既不能教也不能学,只能自己领会。自己领会要有演练场,松下电器就是那个演练场,社会是更大的演练场。"

那么,在企业工作的所有人都能够自己掌握经营吗?当然不是,这跟个人有关。

我认为职场有三个本质:

- 获得生活资源的场所。
- 完成各种任务的场所。
- 自己掌握经营的场所——演练场。

这三个都没错,都是正确的。有人认为,自己的生活

100%属于家庭,把职场当作用自己的劳动换取生活费的场所,这无可厚非。另外,工作由多人配合完成,如果每个人都不按指示完成任务,经营就不能成立,所以第二个本质也是对的。

但是,经营者必须站在第三个本质的立场,在自己的工作中理解经营的内涵,掌握应有的姿态和想法。也就是说,职场是确立经营理念、掌握经营方法的演练场。需要强调的是,经营者并不单指担任干部的董事等重要角色,还包括站在上述立场思考问题的人。比如作为领头人而且有实权的总经理,如果只是高高在上,就不是这里所指的经营者;换句话说,一名普通的员工,把职场当作修炼的演练场,在认真工作的同时自主掌握经营的内涵,这样的人虽然少之又少,却也是优秀的经营实践者。

演练场是让人们具备明确的目标,勇于追求、思考、磨炼,克服各种艰难险阻的地方。新员工有新员工的演练场,总经理有总经理的演练场,运动员、歌手和作家都有他们各自的演练场。在自己的演练场上长年历练的人,才能诞生哲学和理念,才可以在该领域崭露头角、熠熠生辉,这就是所谓的体会,和工作时间的长短没有关系。

像这样把职场当作演练场,在工作中领悟对工作的信念、哲学、理念的人,才能够更加深刻地理解前辈们所说的经营理念,才能够拥有理解经营理念的素质。

作为经营者,如果真的希望彻底贯彻经营理念,那就需要培养更多像自己这样的人才,也就是培养继任者,如何提供这样的演练场，自然成为企业的课题。

在第 2 章和第 3 章，我论述了如何体会经营和如何把职场变成演练场。

不是一成不变：经营理念也要再建和新创

世界日新月异，特别地，21 世纪是变革的时代，企业要跟着潮流发展变化。这是一个不断迈入新领域的时代，也是一个需要开拓新事业的时代，以前的经营理念有可能已经不适用了。

现在日本的民营企业 JR（日本铁道公司）是在 1987 年 4 月的国铁㊀分割民营化的改制中成立的。JR 的前身国铁是在日本国营化的背景下创立的，一直把"富国强兵"的日本国家政策作为经营理念的支柱，在现实中践行经营理念，为日本的发展和产业的繁荣发挥了重要作用。一直到 20 世纪 60 年代，国铁都是日本财政的支柱之一。

但是，世界发生了急剧的变化，国铁后来成为国民难以承受的负担，最终改制为 JR，走上了新生的道路。这个时候确立和渗透可以盈利的稳固的经营理念成了 JR 生死存亡的关键，这是时代发展的潮流。

㊀ 日本国有铁道。——译者注

即使不举国铁这样极端的例子,在我们身边也有很多这样的变革经验。

例如,在国外打开销路,或者在国外设立生产基地,企业对所在国家负有巨大的责任,如果没有符合所在国家的社会和国民性的经营理念,企业是很难成功的。

另外,过去一直坚持的正确的经营理念,也有可能跟不上时代的进步和环境的变化,例如,拥有悠久历史的老字号店铺的家训,在当时是非常有效且能正确地约束经营的信条,现在可能成为不实用的、保守的、阻碍发展的枷锁。

以前经营理念被当作一成不变的东西进行继承和发扬,新的时代要求用新的观念看待问题,还需要考虑经营模式和业务领域的变革,制订战略性的长期发展计划。这个时候,确定面向未来的、正确的经营理念并贯彻执行它,才是迈上了成功的道路,这是意识上的先行改革。

有积极意识的经营者推动企业形象识别系统的建设,这就是再建经营理念的尝试。瑞典的国有企业北欧航空率先实现民营化,卡尔森总裁在所有员工面前说:"我们公司不是航空运输公司,而是旅行服务公司。"为了贯彻这种意识,他做出了很大的努力,因为不这样做没有出路。

当然,即使时代变化,正确的经营理念恒久流传,同时企业又创立了新的经营理念,毫无疑问,这些经营理念都体现了当时的经营者的人性和人格。必须强调的是:认为经营理念一成不变的思维是错误的。

三大基本经营理念

最后,大家可能想问,那你的经营理念是什么呢?我在松下电器工作28年,在松下幸之助的哲学土壤中成长起来,本以为会受松下幸之助的经营理念影响,没想到我却从自己的经验中获得了理念——假如现在让我重新开始经营,我的头脑中会浮现如下理念。

▪ 绝对不让企业倒闭

我生活在第二次世界大战后的经济动荡的年代,经历了两次破产和失业,特别是在第二次,我作为工会负责人,为辞退员工的补偿金和数百名员工的再就业奔波斡旋期间,出现了工会成员和承包工厂的员工家属自杀未遂的事件。这种悲惨的回忆让我终生难忘,我的经营理念的核心就是由此而来的。之后我来到松下电器,担任事业部部长,从事经营工作,一旦出现亏损,我就把"提高市场占有率5%"和"成功打入美国市场"等口号改成"可以发工资的经营",并在办公室、工厂和门口贴上大大的条幅,刚好那时候松下电器在举行100万人的客户参观工厂的活动,我因此受到指责。但是,之后的一年半,在我的事业部扭亏为盈之前,这些条幅一直挂着,这段时间,坚强的事业部全员都贯彻团结和降成本的意识,形成了浓厚的风气,为之后事业部的发展奠定了基础。

▪ 贯彻自主责任经营

在任职 8 年的公司倒闭后,我通过社会招聘进入了松下电器。当时我的想法是:"哎呀,如果不做什么坏事的话,退休前的 20 年可以一直拿薪水。"虽然现在说起来很难为情,但这确实是我当时真实的想法。

因为负责微波炉的开发业务,我被任命为事业部部长,与当时的薪资水平相比,微波炉算是高消费产品,经销商都不愿意推销,导致大量库存积压、资金短缺。迫不得已,公司只能停止生产,全员(只有 40 人左右)上门推销。当时,我以为贴了松下电器商标的产品,销售公司和松下专卖店都会自动去卖,所以当时我很困惑。因为没有钱发工资,不得不全员销售。既然拿了工资,自己生产的产品只能自己负责销售,以对得起自己的这份工资,在这种情形下,全员树立了自主责任经营的精神,这成了事业部的传统作风。后来员工发展到 500 人,也有半数以上的员工掌握了上门销售的能力,一旦有需要可以随时派到市场一线支援。松下电器的事业部本来就是自主责任经营理念的产物,销售额下降时,技术员、财务专员和人事专员、操作工,甚至主管和科长出去跑销售都是家常便饭。我可以很骄傲地说,微波炉事业部把自主责任经营的理念贯彻得最彻底。

▪ 合格产品积压是万恶之源

这也是我从痛苦经历中总结出的经营理念。

第 1 章
树立正确的经营理念

事情发生在微波炉事业部国内销售额突破 100 亿日元的时候。老式微波炉是通过电磁波加热的，这时候利用加热管进行加热的烤箱微波炉突然面世，导致之前生产的产品销量突然下降，虽然半年后松下电器也推出了新产品，但是销售店的老式微波炉严重积压，完全无法周转，我们不得不将老产品全部召回。这样做虽然使市场恢复了活力，销售额上去了，可是事业部的仓库里堆满了被召回的老产品，这些都是合格商品，既没有利润也没有损失，在账面上并没有问题，但是这些产品迟早会过时，如果一直留着，会计和经营就会出现"两张皮"问题。另外，低价卖掉这些产品虽然不是不行，但是会扰乱市场，给最近用正常价格销售的零售商带来困扰，让最近用正常价格购买了老产品的客人产生不信任感。产品并不是在功能和品质方面有什么问题，只是逐步过时。毋庸置疑，这样的积压真的是一个大难题，谁都知道这是个麻烦，但是当亲自面临这么棘手的局面时，我才真正体会到合格产品积压是万恶之源。

最终，我下定决心将这个祸根一次性铲除：在全体员工面前，我为自己的不明智和失败道歉，将大约一个月以上产量的产品全部销毁。由此带来的严重亏损是必然的，每当在事业部部长办公室前面看到员工挥洒汗水生产出来的合格产品被当作废铜烂铁用卡车拉走时，我心如刀割。"合格产品积压是万恶之源"的经营理念叩击心门。

时隔十几年，当我再次来到微波炉事业部的时候，虽然看到销售业绩不是很差，但是工厂的一部分生产线在停线，问了才知道：事业部最近会推出新产品，为了清空已经投放到市场的老产品，调整了生产计划才停线。这条经营理念代代相传，成为事业部的一贯作风，让我非常感动。

接下来，虽然与我的经营理念有一定出入，让我谈一下相关的经验吧。

▪ 美国第三代经营者的理念：公司也可以卖掉

当时，我们尝试着委托美国当地的工厂贴牌生产某个产品，就找到一家拥有数百名员工的工厂洽谈。

因为产品在日本生产，我们将设计图和作业标准等全部原封不动地提供给合作方，并现场提供冲压的模具和夹具，合作方在这个条件下试做的产品的品质和性能都没有问题。虽然能保证大批量生产，合作方也很高兴，可是价格实在是太高了。我们指出这点后，对方否定说"没有啊，不信可以把成本核算表给你们看"，确认后发现，合作方竟然提出了 20% 的利润率。对此我们既诧异又气愤，以这样的生产条件定这样的价格，简直就是暴利！面对我们的指责，合作方的回复是：如果低于这个利润率，以后卖公司的时候会很不利。合作方的总经理是第三代，他的办公室挂着祖父和父亲也就是第一代和第二代总经理的肖像。

"你不是公司的第三代总经理吗？祖父和父亲辛辛苦苦建立起来的基业，你轻易地卖掉算什么呀？"

当我们质问的时候，他用诧异的表情说："如果价格合适，卖掉不是很正常吗？你要不要买下来呢？"

当时我很震惊,但是仔细一想,这是西方电视剧经常出现的剧情,将辛苦经营的牧场毫不留恋地卖掉,驾着马车,完全不在意印第安人(美国原住民)的袭击,深入西部荒原,开启新的人生,我推测这是开拓者遗留下来的风气。与此相比,日本企业的经营理念和经营风气都是取人之长、集思广益,在改良的基础上再改良,给人的印象就是农耕民族。

也许经营理念也受到民族性的影响。

▪ 西尔斯·罗巴克公司⊖的采购方针:对消费者负全责

这是我在松下住宅电器有限公司任职时的事情。有一天,西尔斯·罗巴克公司家用暖炉采购科科长默特尔来到我们公司,想进口煤油炉在美国销售,问能不能报价。我之前从来没有跟他们合作过。西尔斯·罗巴克公司是世界第一大的百货商店,在全美有 800 家店。

我从来没想过会在北美销售煤油炉,但对方好不容易来一趟,就当日美友好,我不但带他们参观了工厂和研发中心,还介绍了松下电器未来几年的产品规划,之后提出我们合作的条件:作为松下电器的零售店,必须学会售后服务、向客户说明使用上的注意事项——特别是低劣石油和异常使用的说明。我报了不低的价格,并没有期待合作,没想到西尔斯·罗巴克公司竟然发来大量订单,过了生产旺季的时候

⊖ 西尔斯·罗巴克公司于 2018 年破产。

我被邀请参加芝加哥总部大会并获得表彰,还很荣幸地出席招待晚宴。

宴席上,西尔斯·罗巴克公司的副总说:"贵公司的对应方式和方针刚好与我们契合,虽然报价不是最低的,但我们还是选择贵公司。"西尔斯·罗巴克公司选择供应商的条件是这样的:

- 价格合理。
- 品质和设计优良。
- 协助售后服务培训。
- 能弹性应对追加的订单。
- 有至少 3 年的新产品企划经验。
- 经营稳定。

西尔斯·罗巴克公司的经营理念是:一旦选择让对方供货,就不是当作厂家品牌,而是当作自己的品牌一样对消费者负全责。

原来如此!这样的经营理念,对松下电器提出的条件照单全收也就不足为奇了。

遵循这个理念和方针,西尔斯·罗巴克公司在全世界有两万家供应商,但始终维持着公司的信用。松下电器的方针恰巧和这家公司相契合。

我向西尔斯·罗巴克公司的副总提了一个不客气但是很坦率的问题:"如果在品质和性能相同的情况下,有价格更低的供应商出现,你们会怎么办?"

他的回答是:"现有供应商至少在一年内要降价,与价格更低的供应商的价格差距在 5% 以内,如果做不到就会更换供应商。"

我继续追问:"5% 的依据是什么?"

他说:"更换电视广告和店面的传单、产品目录,还有计算机程序升级等,需要 5% 的成本。"

CHAPTER 2
第 2 章

开展自主责任经营

那么,企业的义务到底是什么呢?虽然说法不一,但我认为是对支持企业的四类主体(客户、员工、股东、社会)负责,这就是经营的四大责任。

所谓自主责任经营,就是以自己的力量,自主地、最大限度地履行经营的四大责任。

经营者的四大责任

经营者利用人、物、资金为实现经营目标而努力,从提出各种基本的经营理念到完成各类指标、目标,这些都属于经营目标。

我们很容易把经营活动认为是追求经营目标的行动,其实这只是经营活动的一个方面。另一方面,在追求目标的同时,还需要履行义务。在企业的社会性中,履行义务优先——毕竟经营目标是企业自己的,是经营者设定的,如果没有达到目标,也只是令经营者失望;但是随着企业的成立,无论规模大小、所处什么行业,都会涉及企业义务,如果没有履行业务就违背了企业存在的社会属性。

那么,企业的义务到底是什么呢?虽然说法不一,但我认为是对支持企业的四类主体(客户、员工、股东、社会)负责,这就是经营的四大责任。企业一旦成立就诞生了回报这四类主体的义务和责任,经营者没得选择,就像椅子的四条腿,不管哪条腿短,经营都不稳定,缺哪条腿都会马上瘫痪。那么,如何回报这四类主体呢?本书不打算使用晦涩难懂的理论进行讨论,而是通过一些基本常识,让各位跟着我们的思路一起探讨。

- 对客户:让客户满意

要做到让客户满意。举例来说,如果客户在一家公司买到了理想的产品,那么日后还会购买这家公司的其他产品;一家酒店对客人的服务体贴到位,客人再次旅行时还会预订这家酒店。很多类似的情况,只要做到被客户认可的程度,就是对客户尽了义务。

▪ **对员工:尽量提供高于同行的工资**

目前,就日本来说,提供既满足生存意义又可以开心工作的环境是重要的。除非发生特殊情况,日本人一般会选择长年为一家企业效力。员工普遍都会热爱企业,有爱岗敬业之心,随着工作不断精进,甚至会努力创造更高品质的工作成果。根据我的了解,很多美国和德国的工厂的人员流动非常频繁,在德国,即使是一流企业的车间也有很多不会说德语的员工,更别提小企业了,连工作说明之类的内容也只能通过简单的图示来描述。日本的企业为员工承担了巨大的责任,经营者有责任为那些把一生中大部分时间用来工作、支持企业发展的员工们提供既满足生存意义又可以开心工作的环境。

▪ **对股东:确保每年适当地分红**

除此之外,保证长期、繁荣的经营是对股东承担的更大的责任。为此,强生公司特意将销售收入的一定比例用于研发投资,这一条被明确记载在公司章程中。

▪ **对社会:履行纳税义务**

毋庸置疑,企业能够放心地开展业务,进行有效的经营活动,得益于社会的稳定。

在拥有世界级高水平的治安、交通、通信、教育等举不胜举的有利环境中,日本的企业获益良多,当然要更多地回报社会。不用说,企业最基本的义务就是纳税,纳税的前提就是有利润。如果企业没有获得适当的利润,不仅不能履行这一责任,还免费享用了别人缴税的成果,说这是一种罪也不为过。

有些企业在缴税的基础上,还通过开展公益事业和文化事业来回报社会。可是,也有一些狡诈的人以擅长逃税而自豪,这些就是难以置身于经营者风范之上的人。

自主责任经营的理念和实践

松下幸之助不仅是日本,也是世界上最杰出的成功经营者之一,其经营的突出特点,是树立明确的经营理念并扎实、具体地贯彻,他是经营者中最能明确表达自己经营理念的人。(松下幸之助所著《实践经营哲学》简明扼要地总结了其经营理念的全貌。)

在松下幸之助的众多经营理念当中,最基本的、起到支柱作用的是自主责任经营,正是这个理念,使得这个仅仅由三个人成立的小作坊,在短短 60 年内成长为日本的代表性企业之一。

第2章 开展自主责任经营

所谓自主责任经营，就是以自己的力量，自主地、最大限度地履行经营的四大责任。在这个基础上，我从实际体验出发，思考如何进行自主经营的实践。

企业要最大限度地履行四大责任

经营者为了实现设定的经营目标每天都在努力，有时也会冒风险，进行巨额投资或果断开拓新业务，这些与履行四大责任同时进行。履行四大责任并非泛泛而谈，而是要尽最大努力、最大限度地做到，至少争取达到比同行更高的水平——这就是竞争。

企业履行四大责任的三大条件

企业履行四大责任的条件是什么？松下幸之助指出了三点：

- 保持一定程度以上的自有资本。
- 创造合理的利润。
- 拥有自有技术和独特的经营手法。

并不是说负债经营不好，而是对于有广阔发展前景的业务，企业家们的共识是可以不断引入其他资金来扩大经营规模，与此同时，确保一定的自有资金和扩大业务规模一样重要。碰到经济环境稳定的时期固然好，但是这样的景气未必常在，经营就是要留意不稳定的下行时期，这个时候如果有过高的债务，当然会被要求优先偿还，别说是四大责任，通常还会降薪、减少必要的投资，等等，有的企业甚至不惜卖掉工厂和设施，只为还债和支付利息。

一旦出现亏损会怎么样？别说什么纳税义务，企业甚至会面临业务衰退、裁减人员、降低工资、停止分红，等等，最终还有可能把四大责任全部放弃。

企业经营者的基本责任是维持适当的资本充足率，确保利润；其次就是技术创新。制造型企业如果没有独特的、出色的技术，就无法生产出吸引客户的特色产品，如果一直停留在产品仿制上，无论在其他方面做出多少努力，都只能成为二流、三流的厂家，也无法更好地履行四大责任。技术创新和特色产品的重要性不仅适用于制造型企业，对于酒店和商场也是适用的。连银行和保险公司也会在创意产品的开发能力上进行竞争，以便时刻吸引客户的关注。

随着企业的发展和繁荣，那些能够进一步承担四大责任的企业，往往会采用独特的管理方法。例如，丰田公司的看板方式、丸井百货的信用系统等。再如，小林一三的综合开发方法（在阪急铁路沿线开发集体住宅、剧院、游乐园和百货公司），还有松下幸之助创立的事业部制，都是各自独特的管理方法，也是企业发展的原动力。

建立能最大限度地履行四大责任的组织

企业的四大责任要履行到什么程度才合适呢？

应该说，企业履行四大责任是没有上限的。客户对服务非常满意，并不能代表企业做得足够好，薪酬福利再多一点就更好了,分红和税收也没有上限。

如何才能最大限度地履行责任呢?比如,抓住机遇,拓展可持续增长的业务领域,开发先进技术,拥有雄厚的资金,等等,我们能列举出很多方法。其实,这些都是基于人的智慧和努力产生的结果。

经营管理是由人、财、物构成的,企业主要是由人决定的。

过去所说的人通常指高层干部。在多样化管理、专业化分工的今天,我们所说的人是指全体员工。发挥高层干部的能力,应该是在未来的 5 年、10 年或 20 年后。在目前的环境中,每个员工打算发挥多少能力干好本职工作,这决定了企业管理的优劣。如果企业规模超过 100 人,高层干部和一般员工的工作分配不是自己的意愿可以决定的,在大企业这种做法更为突出,最大限度地发挥所有员工的能力是履行四大责任的途径。

最大限度地发挥所有员工的能力

如何才能最大限度地发挥所有员工的能力呢?

有些人可能会认为要招聘优秀人才、聪明的人、名牌大学毕业生,事实上,一流企业会雇用很多这样的人,这个方法带来的优势可能出现在最初的半年或一年内,但从第二年开始优势就消失了。只有一个人对自己的工作有深刻的责任感和使命感,他才能真正展示自己的能力。一个聪明、缺乏责任感的人,即使知道应该怎么做,也不会认真工作,无论什么样的工作都是如此。特别是在企业中，工作的成败取决于责任感的程度。

激发员工的使命感和责任感

如何赋予员工责任感和使命感呢？

总会听到某人当上干部或"我成了领导"的事情，这些人虽然走上了重要的责任岗位，但与他们的责任感无关。使命感和责任感是无法被赋予的，只能通过内心的自我觉醒产生，即便是面对重大任务，也不是每个肩负责任的人都能够产生责任感。在大企业中担任一把手的人，也经常会用缺乏银行支持、卷入行业过度竞争或者销售渠道太弱等借口为经营不振做辩解，这让我们深深感受到责任和责任感并不是一回事。

使命感和责任感是通过对自己的任务、地位和立场的自觉意识而产生的。意识是由一个人的社会观、管理观和职业观决定的，可以说，意识取决于生活观、人性观，还受原来的人格所左右。因此，使命感和责任感都具备显著的个性，自然存在个体差异；反过来说，从对一件事的责任承担方式，可以推测出一个人的社会观、职业观和人格。

使命感和责任感，大致可以分成以下三类。

▪ 有志之士的使命感和责任感

自觉将实现某一目标作为自己的绝对使命和责任，这是一种不为个人欲望和幸福所影响的，有时甚至会让人付出生命代价却无怨无悔的使命感和责任感。

▪ 奉命行事的士兵责任感

遵守命令行事，这是一种不畏艰难、接到命令就会严格执行的精神。我们称之为士兵责任感。

建立士兵责任感有两个要素：一是领导人具备优秀的个性，个人对领导者的尊敬，是由遵守命令的服从精神产生的；二是对组织的归属感，遵守这项命令是为了整体，士兵打心里愿意。

士兵的责任感是维持军队的根本，是军队教育的重点部分，但是要做到并不容易。事实上，为了让士兵遵守命令，会有严厉的惩罚和奖赏，很多时候会使用赏罚并重的方法。

例如，通过遵守就业规则和工作标准来维持秩序、保障安全和保证质量等。但是，士兵责任感中的主体不是士兵本人，而是赋予他命令并监督他遵守命令的人，这是士兵责任感的本质，事实上也有它的局限性。

▪ 被授权激发的自主责任感

完成一个目标或者任务的方式和手段多种多样，如果将范围扩大到可能对目标或任务进行改善或者提出创意，那么方式和手段将是无限的。

自主责任感是指执行任务的人竭尽所能，寻找合适的方法和手段，勇于实施，取得更大的成果，以此为使命的责任感。它与士兵责任感在行动的主体上有所不同：在士兵责任感当中,要通过遵守命令和既有规则来忠于命令官(长官),行动的主体是命令官,因此对行动结果负责的也是命令官;与之相反,在自主责任感方面,即使被赋予了目标,如何采取行动也是由自己选择,行动的主体是执行者本人。

自主责任感的主体是自己,决定其行为的是一个人的良心、信念和勇气,行为的内容由这个人的能力、知识、智慧和意愿所决定。

那么,这种自主责任感是如何产生的呢?它不是与生俱来的,而是要通过教育和说服。领导者需要给自己设定一个条件——让下属成为工作的主体,把工作交给他,也就是权力下放,除此之外别无他法。不论是谁在做被命令的事情,或者必须按照既定程序工作,都不如自己绞尽脑汁想办法、千方百计去执行要好。后者能够激发出更多热情和意志,智慧与创意也会应运而生,这就是产生自主责任感的方式。

自主责任经营说到底,一定是建立在自主责任感的基础上的。

规定事务权限,弹性经营授权

谈到自主责任感,经常有两种意见:一种是"我没有被授权,所以不能改变现状",还有一种是"我们公司每个职位的权限都有明文规定,所以没有问题",有时候同一家公司也会同时存在这两种声音。细听之后,并不觉得有什么问题,因为两个人说的是不同的权限内容,才会形成这样相反的观点。实际上,根据实际情形把权限分为以下两部分来考虑会更妥当。

第一，事务权限。

企业稍微成长就会出现各种组织，开始各种分工。然后建立岗位制度，在各级干部的指挥下开展日常工作。为了更好、更快地运行组织和发挥岗位制度的机能，各部门负责人必须按照规定的权限做决定，否则日常例行工作无法推进。正因为如此，才设立岗位职责，每个岗位被授予的权限是事务权限，比如组长可以让员工加班，销售科长可以自主支配不超过 20 万日元的交际费用，厂长可以决定购买单价 1000 万日元的机器设备等。

顾名思义，事务权限是为了保证事务效率、避免停滞而规定的，是附属于岗位和职务的权限，并不是由特定的人授予特定的对象。超越事务权限的行为一般不被允许，要避免错误行使权限，最重要的就是尽可能详细地、明确地用文字描述。

第二，经营权限。

经营如果仅仅止步于忠实地执行既定规则，那么既不能进步也不会改善，更无法应对变化。经营必须不拘常规、不断改进，坚持求实创新。我们把执行这种事情的权限称为经营权限，它是根据受托人现有权限来弹性决定的，与预先决定并用明文描述的事务权限有本质上的不同。

自主责任感强，有知识、有智慧、有想法、有勇气、执行力强和积极的人，经营权限自然会得到更多的发挥和充分的施展，那些只会按照吩咐做事、不知道该干什么、没有想法的人,相当于放弃了自己的经营权限,就等于没有经营权限。

事务权限是专门由上级赋予的,经营权限是每个人根据自身的责任感和能力自行确立的。

综上所述,责任感有三种,权限有两种,这样的划分当然没有好坏之分,只是为了发挥企业拥有的潜在力量,培养全体员工,让企业成为更有意义的职场,每天都有新发展。

领导层必须下放权力并五步跟进

谈到权力下放,可能会有人说"我们公司的员工还没有成长到可以下放权力的程度""权力下放一旦失败就是我的责任,也会给大家添麻烦""权力下放后我就失业了"。

这种想法本身就是拒绝培养人才,或者说这是在剥夺企业的活力。

并不是把权力下放给员工就能减轻自己的责任和工作,恰恰从授权的那一刻起,干部有更大的责任和权限——放权者的最大任务是让被赋予权力的部下成功,也就是让自己取得比亲自干更好的业绩。

放权者的责任就是要认真思考授权之后自己该做什么,并诚心诚意、全力以赴去落实。

放权者授权之后该做什么呢?

- **明确目标,并提供与之相关的一切信息**

虽然自己明确了目标,但出乎意料的是,部下不明白或

误解的情况也不少。

这是很自然的,因为有地位和立场的差异,还有获得的信息和个人经验的差异。在权力下放之际,首要任务是怀着诚意弥合这些差异。

▪ 要求报告并检查进度,给予建议、指导、支持和激励

既然交给了下级,再进行细节干涉就不太好了,但是如果放任不管就是上级对于自身责任的放弃。为了引导部下成功,上级有责任要求他定期提交报告,并从上级的立场进行检查,必要时给他提出建议,或者给予指导和帮助。另外,无论赋予部下多少权限,都会受到他的地位、头衔、年龄等条件的制约,也可以理解为部下的面子还不够大,或是受限于行政权力,作为上级要时刻关注这些方面。给予员工幕后支持是放权者的一大责任。

然后是激励。不论是谁,在面对巨大的权限和责任时内心都会感到不安和彷徨,放权者温暖的激励是任何事物都无法替代的,这是部下勇气的源泉,这一点做领导的要铭记于心。

我深深地体会到,松下幸之助不仅极其大胆地下放权限,还不断地建议和鼓励部下,让部下取得巨大的成功。松下幸之助是一个能够成功引导部下超常发挥能力的人。

▪ 基于大局判断进行指导和调整

将权限交给部下以后,就可以开始站在后面观察部下的工作,也可以从周围和侧面或者以回顾的方式观察了解,在慢慢了解的过程中,还能创造充裕的时间学习。这样,应该会看到和自己带头领军、阵前指挥时不同的事物(如果看不见,那就交给部下,把它当成好事忽略)——这就是大局。

站在大局上进行领导和协调将会成为放权者的新任务。设想一下统管五个部门的总监。虽然五位经理获得了很大的权限,但他们不能自行判断、自行变更被赋予的目标和任务。另外,即使感到人员不足或成员不合适,也不能擅自补充和更换成员。成为总监后,如果觉得有必要,可以安排部门间的人员调动、协调与其他部门的合作等,也可以从大局判断来调整目标、或者说服更高层领导。如果判断后觉得某个部门有充分的余力,可以采取赋予新目标或者将人员减半等举措,来激发这个部门的活力和创意。有的人在被授权并行使更大权限后,放权者才能知道他的实力。因此,做到人尽其才、物尽其用也是放权者的责任和权力。

- **对员工开展教育,特别是贯彻经营理念**

权力下放时不要害怕些许失败,应该大胆、大刀阔斧地去做。但是经营不是训练和习武的场所,而是实践的场所,不能允许获得更大权力的部下有违反经营理念和基本方针的行为。话虽如此,如果害怕权力下放,就不可能推动企业发展和人才成长。

怎么办呢?这时候,日常的教育就很有意义了。经常对部下表达自己的想法和公司的方针,贯彻公司的经营理念,做到无论多么大幅度的权力下放,员工都不会犯基本错误、低级错误。如果只有总经理掌握了一切权限,其他人只需按照指示行动,就意味着经营理念只要在总经理一个人的脑袋里就够了。经营理念和基本方针之类的精神文化,约束着被授权(特别是被授予经营管理权限)的干部和员工的行动,在根本上发挥着指导方针的作用,因此在内容上更应该是能够具体理解的行动理念,这比抽象的理想或目标更直接有效。松下幸之助的经营理念,大部分都是行动理念,这一点意义重大。

▪ 向部下学习,提高自己

被授权的部下一定会产生新的创意和想法,这个时候,向部下学习既是上级、长者的姿态,也是作为领导的职责,这样做也能提高自己。随着能力的再提高,领导可以从更高角度看事物和形势,也更容易得到关于大趋势的信息。但是在另一方面,领导远离现场以后,当然会疏远最近现场的动向和信息。领导必须站在大局的立场上,根据现实情况做出判断。所以,作为领导,需要经常了解现场,向掌控现场的部下学习,相应地,部下必须具备值得领导学习的能力,为了达到这种理想状态,领导要尽可能地向下授权。

说来话长,我是搞技术出身的,35岁跳槽到松下电器,作为部门领导,以及松下住宅电器有限公司的总经理,因为从销售人员的行为和成果中掌握了销售的实际情况和方式，虽然在销售方面我完全是个门外汉，却丝毫没有感到力不从心，甚至对能够发挥领导作用还有一定的成就感，这一切都得益于我放权的力度很大。

推进自主责任经营理念的实践

如果企业是二三十人的规模，董事长兼总经理一个人的自主责任经营可能就够用了，但是企业规模达到需要组织运营的程度时，不仅是总经理的才智和见识，员工们的智慧、创意和各级干部的行动也成为决定企业命运的要素。也就是说，要看企业中有多少人具备自主责任感、有多少部门能自主责任经营。自主责任感是通过赋予权限产生的，自主责任经营理念的实践程度取决于领导层下放多少权力、赋予基层组织多大权限。在是否实行事业部制的时候也一样，关键也在于部门是否成为完善的经营体、部门科室班组能行使多大的权限。

用对人：正确的人生观要优先于能力

环境时时刻刻都在变化，尚不清楚竞争对手的情况，在这种情况下大幅下放权力，被授权的人总该有一定的条件吧？

把权限授予对方，当然是对他的能力或者经验的认可，但是在能力之前，首先是值得信任——相信人性向善，他必须有这样的人生观。没有这个基础，不管怎么开展关于自主责任经营的讨论,最终都是空谈。

用自主责任经营激发长期发展所需要的组织活力

小结一下。为什么要自主责任经营?为什么要这么强调权力下放?

第一,为了实现每天都有新活力的经营。

第二,为了建设有意义的工作场所。

第三,为了培养懂经营的人。

只有在这样的职场,才能随情势变化产生敏捷反应,在经验积累的同时涌现出经营的接班人。正因为有这样的现场指挥者,领导层才能抽身为战略性发展投入更多的精力。只有不断实践自主责任经营,才能激发企业长期繁荣发展所需要的活力。

用坚定的使命感和经营理念培养懂经营的人

自主责任经营是众多经营理念中的支柱之一,下放权力是确立自主责任制的基本条件,从培养人的角度,如何在事业部制中进行实践呢?

经营者想要得到他人的认可,首先要有坚定的使命感和经营理念,要经常跟员工谈及并不断向下渗透。仅仅纸上谈兵是没用的,经营理念要真正融入每个员工的血肉才能发挥作用,所以一旦有机会就要让员工意识到经营理念,不断宣传它……与此同时,重要的是放手,让部下在自己的责任和权限范围内自主工作。企业培养人,归根结底是培养懂经营的人,培养无论多么小的工作都能有经营感的人,不能什么事情都去命令,那样员工只会听吩咐做事。

工作就是要放手让员工去做,只有这样,员工才会绞尽脑汁想出各种各样的办法,充分发挥自己的所有潜能,自然就成长起来了。我们的事业部制把这一点制度化了,我从经验中感受到,事业部制有一个很大的优点:有利于人的成长。

经营不仅限于部门这个经营体,还适用于每个岗位和所有的工作,在经营中我一直强调这一点。虽说是把工作大幅交给了别人,但自己还是需要严格掌握基本方针,否则就会变成各自为政,整个事情会变得凌乱无序。下放权限要基于一定的方针,因此,经营理念作为一家公司的基本理念变得至关重要。遵循经营理念,每个人都能自主工作,只有这样,公司经营才能成立。

(松下幸之助《实践经营哲学》的《培养人的那些事》一文)

▪ 要给员工好好发工资

松下电器的事业部制始于 1933 年,具有悠久的历史,每个产品领域都设置了部门,生产多少产品、做什么业务都由总公司决定。各个事业部虽然整合为松下电器,但在内部为每个部门设置了资本和资金框架。对于借款和存款,就像和银行的交易一样,与总公司之间按照相应的利率来处理。由于具备了这些条件,每个部门都和独立的企业一样,按期计算利润表和资产负债表,所有部门都进行月度结算,最后合并为松下电器的月度利润表和资产负债表。全国的数百家营业机构、办公室等也是以部门为标准的自主责任经营体,用同样的方法进行结算。

1965年,我被任命为微波炉部门的负责人(由于销售额很小,不具备成为事业部的条件,所以没有独立,但是作为一个独立部门,功能与事业部相似),同时拥有200万日元的内部资本和400万日元的运营资金。接受任命的时候,"要给员工好好发工资"成为我开始的动力。

当时部门相当困难,无法保证300万日元的最低销售额,甚至连20来名员工的工资都难以支付。我做出了停止生产的决定,让每个员工都投入"门到门"的销售活动中。

从那时候开始,自主责任经营的精神就渗透到全体员工的意识中,即使达到500亿日元的销售额和500名员工的规模时,我们仍保持了不低于300人的销售团队,甚至成为一个遇到必要情况时,全体工程师、会计、人力资源和操作员都可以毫无阻力地外出做销售的部门。

"把微波炉部门交给你了,要给员工好好发工资。"松下社长对我说的这番话,让我这样一个对经营一窍不通的技术人员,有了经营者那种"不成功,便成仁"的想法,我通过相应的学习,变得有了一些智慧,在销售、组织、经营方面也有了些许创意。

松下幸之助与国铁某员工的对话

1982 年 11 月 1 日和 15 日,《日本实业》杂志刊登了"对话松下幸之助"的报道。这是很久以前的事了,通过国铁面对巨额亏损无从下手的话题,可以很好地理解松下幸之助对经营观和自主责任经营的精辟观点。

松下幸之助曾经在《朝日新闻》上以"我的经营"为题刊登过连载,一位 19 岁的国铁员工读了连载后很激动,给《朝日新闻》写信,希望可以就如何重建国铁向松下幸之助当面请教,松下幸之助欣然同意。这成为"殿堂级人物"与"19 岁少年"之间的一段佳话。这位 19 岁的国铁职员名叫真锅健一,在国铁梅田货物站做班长,是一个在"爱国铁方面不输给任何人"的有理想的好青年,将来的梦想是成为乘务员。

- **带着使命感工作,每天都充满希望和喜悦**

真锅:其实,我很喜欢读《朝日新闻》推出的公司顾问谈《我的经营》连载,对重建日本 JVC 的故事尤其感兴趣。我暗自想,能这样做的话,想必国铁重建应该也可以从中借鉴一些智慧吧。后来偶然读了朋友推荐的《对事物的看法》（日本实业社刊），在卷末的略史中发现担任顾问的人也是国铁咨问委员会的董事，我更加确信您一定会告诉我重建国铁的方法，于是写了那封希望可以见面的信。

松下：没事，我很敬佩你的热情。你是哪里人？

真锅：我来自神户。

松下：是嘛，那么大老远跑过来，什么都别客气，那就直说吧。

真锅：好的。您迄今为止克服了人生中的很多苦难，是什么支撑您一路走过来的呢？

松下：与其说是有什么支撑着我，不如说每天都充满了希望，所以，也不觉得苦了。

真锅：您说的希望可以理解为目标吗？

松下：我从事过电器的生产和销售工作，在不断工作的过程中产生了使命感，有使命感就不觉得辛苦了，甚至是带着喜悦在工作。

现在的国铁员工中，有一部分人在各种场合一提起国铁就烦恼，我想你就是其中一员吧。

真锅：松下先生您从小学四年级辍学开始做学徒，之后您是以什么心态作为社会人在工作的呢？

松下：是啊，应该没有什么能够拿来说的心态吧，那时还很小，只是10岁的孩子而已，还没有形成这样或那样的心态呢……

真锅：这么说，您是什么时候开始感觉到使命感的呢？

松下：如果硬要说的话，是从做生意两三年的时候开始的吧。

▪ 用经营型的组织做经营

真锅：松下先生总是会从好坏两方面来看一件事情，在您看来，国铁好的方面是什么？坏的方面又是什么呢？

松下：国铁也会有两方面，你作为员工从自身的角度来看，什么是不好的一面呢？

真锅：嗯，因为我从事的是与货物相关的工作，所以不太了解旅客，我想可能是对待旅客的态度吧。因为是国营，对待旅客的态度不是请旅客乘坐，而是有一种你爱坐不坐的感觉。

我认为好的一面应该是，即便是偏僻的地方，线路也会保证列车安全守时地运行。

松下：你说的这些我们也同意。

但是，国铁的问题不止于此。员工的服务虽说是个问题，但先放到一边。如果最重要的组织还是现在这样，那就谈不上经营，国铁就是一个没有经营管理的组织。

不论什么组织团体，都需要经营者。虽然表面上有高木总裁，但是他因为没有经营权，不能说是真正的经营者。实际经营都由议会决定，不论是涨工资还是涨价，不经过议会审议是行不通的，这就没法做生意。要是高木真的能够以总裁身份做事、按照自己的想法全盘经营的话那还可以，但是他有名无实啊，什么都做不了。有问题、有意见找高木去说，其实高木是没办法解决的。

他是个爱学习的人，光探讨经营的方法就来过我家好几次。常务理事在三四天后也来了我家，就算是常务理事也不可能有什么权限，因为国铁不是经营性的组织，这才是最大的问题。

真锅：您说的是不好的一面，那好的方面是什么？

松下：就没有好的方面。

如果非要说的话，好的一面应该可以说是国家是坚强的后盾。

…………

真锅：在我看来，我反对将国铁分割成民营企业。

▪ 民营企业也可以做好公共服务

真锅：我认为国铁在战后发挥的重大作用之一就是公共性，民营化后我觉得这个作用就会消失……

松下：公共性很重要，不一定非要由国家来做，只要具备公共性，交给民营企业做也可以。也就是说，只要公共性的内容齐全，民营企业做的话更便于运作。

…………

真锅：公共性方面相关的重要问题应该就是地方线路亏损，我想民营企业应该不会有人接手。

松下：这个只要尝试就能够做好，为了方便那个地方的人，用大机车不合适，就换成小机车好了，不用担心。

真锅：不合算吧。

松下：不会，尽力争取。

民营企业都想赚钱，赔了也没办法，大家分红，缴纳税金。

另外，国铁作为一个经营组织并没有完全独立，也不允许独立，即使独立了，与其把版图扩太大，不如合理地划分开。

美国有50个州，也没有作为一个整体进行管理。如果定位为一个州的话，那可不得了。美国是美利坚合众国，每个州都是独立的，如加利福尼亚州、纽约州，都是独立的州。如果所有州全部由总统管辖的话，很难管理。所以，不论是政治还是经济，体量都要适度。需要考虑何为适度的大小。

…………

真锅：您对国铁当局考虑的重建方案有什么想法呢？

松下：我虽然不太清楚国铁重建的详细方案，但最终应该没有提到经营权。没有经营权不行，做商业没有经营权的话什么都做不了。

即使是战争也不能让没有指挥权的人指挥，没有指挥权怎么打仗？没有司令官的话，充其量只能是师团，师长不下令无法打仗，用类似替代师团的少将这样的称谓很不妥吧。

▪ 对经营团队不严厉不行

真锅：国铁要是获得了经营权，如果您能够成为经营者的话……

松下：20年前，确实有请我去当国铁的总裁。

…………

真锅：您当时是因为没有实际经营权而拒绝了，对吗？

松下：我没有说得那么明确。但是，对国铁不严厉不行，要更严厉一些。

…………

真锅：都说国铁的价格一般很高。

松下：确实很高。

真锅：我们也反对价格上涨，虽说是为了增加收入，但是运输密度降低了，其实对缓解亏损没有任何帮助。

▪ 被捆住手脚做不好经营

松下：不是因为国铁的董事、员工和工会不好，而是整个组织的方向和状态错了，在这种组织中无法按照民营企业的方式工作，我肯定做不了被捆住手脚的经营。

真锅：我们也有很多地方需要好好反省，我们必须贯彻"国铁离不开旅客"的意识。

松下：工会的组织方式需要变化，经营者的方式也要改变，这样的话一定会扭亏为盈，因为你们拥有得太多。

之所以做不到，是因为把组织放在了根本无法做到的状态，其中一半不是国铁的责任而是国家的问题，是政府造成了这个状态，还有一半是国铁自身的责任。如果政府那一半得以改善，自然就会改变了。

所以工会组织要搞一些类似"把经营自由交给国铁"的运动。

真锅：今天实在是太感谢您了。

CHAPTER 3
第 3 章

部门经营：划小经营单元

在推进部门经营的过程中，我发现以科室为核算单位的经营体经过分析经营状况，针对目标制定行动纲领，产生了意想不到的创意，看到部下改革旧习、大干一场的状态，老实说我真的很吃惊。同时，我意识到：比起我一一给出具体的指示，放手交给他们不是更好吗？

局部亏损时导入部门独立核算，激发自主责任经营的活力

1965 年，我成为松下电器微波炉部门的部长，当时微波炉的售价是一台 100 万日元，对于客户来说是高消费产品，对于制造商来说是最难销售的产品。虽然不是紧俏产品，却有着与经营规模不符的庞大的销售部门，全国被划分成 7 个区域，各区域分别设有销售科。

按照区域人口情况进行销售任务数量的分配，从全体营业指标来看，所有部门都完成了高于销售计划的任务，但是从各销售科分别来看，有 70%～150% 的偏差值，追问原因，是地域差异。

我很难接受相同产品、同样的价格、被观看相同广告的日本人购买，这种情况下竟然会有如此大的地域差异。再三追问下，销售主管就以特殊地区情况特殊等这种明显带有情绪的理由来应付我。

举一个当时的例子吧。负责北海道地区的主管是以公司销售网络薄弱、北海道的人对微波炉没有太多概念等作为销售完成率低的理由，负责人比起其他区域的负责人更辛苦，因为近畿地区一天之内就可以对各个零售店进行回访，与近畿地区可以利用当天往返的出差形式相比，在北海道做一次回访就需要至少连续 10 天的出差才行，所以每个月只有 4～5 天在家的时间，到了严冬季节，还要冒着暴风雪，穿

着长靴在寒冷中巡视零售店。"我们付出的艰辛最多,在奖金评价中必须给全员 A 才行。"我一开始也觉得这确实是合情合理的解释。

当看到各科的利润概算结果,利润率从亏损 5% 到盈利 10% 以上的都有,我很严肃地说道:"北海道的店怎么都亏损呢?除了你们这个地方,其他地区都是赚钱的。如果只按照完成率看结果,你们给出的解释合情合理,但是,作为销售科,不就是从制造部门采购产品并销售给批发商吗?你们还是松下微波炉的独家区域代理商。主管就是店主,店的经营就交给店主,员工就是店员,你尽量试着做能给店员发工资的生意吧。"

北海道的负责人立刻答复道:"听起来很有意思,就交给我吧,说干就干。"这就是我们部门经营的开始。

因为全部都是独立的门店,每月结算一次,通过结算,所有员工都了解到如果持续亏损经营就会崩溃,如果库存过大,一旦资金短缺,门店也会破产。不仅是店主,连店员也开始拼命思考,大家一起绞尽脑汁想出了各种解决办法,随即付诸实施。所有的成果都在经营业绩当中体现出来,有了可行的价值,事情也变得更有意思了,新的创意不断产生,团队开始充满活力,职场中随处都能感受到自主责任感。当初最令人担心的销售科,再没有了对立的姿态,取而代之的是互助互学之风盛行。那是我从事业部部长办公室的窗户向外望去得到的真实感,一点没有夸大和自夸的意图,直到现在,每当想起当时的情形,我都会由衷地喜悦。

现在我觉得有点后知后觉，但当时，通过两年多的商店经营[一]，我意识到：我们的方法应该不仅仅适用于销售部门，可以在所有部门中实践。尝试在销售部门以外的部门实施后才知道，要让这些部门落实自主责任感需要花点心思，但这是件既有趣又有效的事情。接下来描述的，都是在各部门实践中，部下（也就是真正的执行者）体验的归纳整理。

希望读者在落实部门经营时，也能在实践中创造全新的、适合各自企业的特有方式。

划小经营单元：
把各部门构筑成经营的演练场

经营大致分为两个领域，一是未来的经营，也被称为战略经营，是企业为了永远活下去而采取措施的经营。正如人们所说的"战略的失败无法用战术的勤奋弥补"，但是战略经营的合理性和成果目前很难判断，可以说是头脑中的经营。还有一个是活在当下的现实经营。这一章说的是现实经营。

现实的经营不言而喻，每天全体员工在各部门、各现场的工作其实就是实践。之所以在这里说各部门，是因为在当

[一] 松下幸之助把以部门为单位的独立核算模式称为"商店经营"。——译者注

今的企业中，经营业务被细分为部门和科室等很多小模块，由这些小模块分担各自专业领域的工作。

专业化分工是企业达到一定规模就必须做的事情，如此顺理成章的做法背后，其实存在着"经营的现场不是在经营而是在管理"这个鲜为人知的事实。究其根源，可能与作为指挥经营现场的总监和经理都被定位为管理职，或是被称为高管和中层干部有关系。

部门经营就是要把现场各部门构筑成经营的演练场，而不是管理的场所。当然，如果要成为经营的演练场，本来是管理职位的经理也必须变革，转型为经营者。我主张在部门经营中这样做，这样一来，既能激活经营，又可以创造出更有意义的工作岗位，切实成为可以实践自主责任经营这个理念的场所。

不要把经营做成管理，而要把经营做成经营

在论述部门经营实践之前，我想明确一下什么是管理和经营，或者说管理者和经营者有什么区别。虽然相关的各种讨论有很多，但是从自主责任的观点来看，我认为有以下几点。

封闭的管理，开放的经营

- 管理和经营的基本区别在于：管理是按照规定的方法

和规则来执行被赋予的命令；经营则是把自己设定的目标，按照自己的方针，用自己的责任付诸实施。

- 管理是不论愿意与否，本质上是可以感受到压力的；与之相对，经营是一种在无限空间中进行的新创造，所以让人乐在其中，本质上是自由的、自主的。
- 管理中的工资是从委派工作者那里获得的报酬，即便没有很好地完成任务，也不会与经营业绩挂钩，依然有向公司申请报酬的权利；与之不同，经营必须赚钱。
- 要赚钱就必须为客户提供产品和服务，战胜竞争对手，回收货款并核算利润。如果不考虑客户、竞争和利润，就无法进行经营。在管理上，完成被委派的工作就是使命，与客户、竞争、利润等无关。
- 在经营中，所有的活动最终是用利润来评价的，由产出和投入的关系决定。对管理的评价则取决于被赋予工作的完成度。经营是客观性评价，管理因为由委派工作的人给出评价，所以是主观性评价。另外，关于利润，经营可以自我评价，但是管理只能由他人评价。
- 为了实现管理中规定的目标，可以用目标管理来进行；但是经营必须做结算。
- 管理者的基本任务不是下达自己的意见，而是在理解、掌握上级的命令后，转达给部下，让部下按照命令行动。所以，有效的领导方式是带头示范，日常管理的重点是指导大家遵守规定和规则。

- 经营者虽然有梦想、有愿景,如果心中没有经营理念,就不可能产生创意,经营者还要具备前瞻性和战略性眼光。与之相对的是,管理活动是在接受规定范围内的工作,不一定非要具备前面说的能力。

也许很多人会认为:"这个说法有点片面吧?"但是,如果进一步探究各部门的特点,就会发现存在类似上述的差距。

表 3-1 总结了管理和经营的区别。

表 3-1 管理和经营

管理	经营
○ 以执行上级下达的命令为行动准则	○ 落实自己想法的行动(行动基于自主责任感)
○ 统率、指导部下服从上级的方针	○ 可以赋予部下权力,激发自由的想法,付诸行动
○ 本质上可以感受到压力	○ 有自主空间,可以乐在其中
○ 如果认真做被委派的工作,不管结果如何,公司都应该支付工资	○ 必须赚到钱才有工资
○ 不存在客户、竞争对手和利润	○ 必须为客户提供产品或服务,赢得竞争,回收货款,核算利润
○ 评价由上级根据所给目标(定额)的完成度做出主观评价	○ 评价是根据投入产出比决定的客观评价
○ 有效的领导方式是带头示范	○ 领导方式是授予权限、指导和支持,是人才培养型工作
○ 日常管理遵守规则	○ 每天都有新活动
○ 不说个人,单论职务的话,不存在梦想和愿景。不需要战略性思考	○ 必须要有梦想、愿景和战略性思考。需要经营理念

把部门管理变回部门经营

我绝不是就现场各部门在经营实践活动中因为经营性质淡化或是变成管理的场所而指责谁,这样的结局其实有因可循,如果能够找到并根除其原因,经营就会自然而然地发生。

不用说,企业最切身的直接目标是确保销售额和利润,因此,这两项是决定评价的关键。但是,构成企业的部门大部分都提出了与销售额和利润无关的其他目标,也就是管理目标,并针对管理目标开展日常工作,自然就产生了脱离经营的做法。

经营活动的好坏,只要看利润表和资产负债表就可以一目了然,如果在此基础上进行经营分析,就可以更明确地掌握诀窍。可以说,利润表是现有最好的评价方法,但是,这种评价方法只对整体经营成立,却不能在各部门实施(至少没有用过)。也就是说,尽管各部门开展了经营活动,却没有根据经营进行评价。因为不评价又不行,于是就用了别的指标,也就是根据管理目标的达成度进行评价,每个人努力的目标都是提高主观评价,越努力达标,各部门就越变为目标管理的场所,随着经营实践活动的持续,久而久之经营场所就失去了该有的样子。

这是对前面表格的总结,我曾经在苏联的经营者再教育学校讲学,当时也讲了同样的观点,干部们也表示确实是这样。

第3章
部门经营：划小经营单元

在企业规模小的时候，全体员工至少能身临其境地看到每天的现场状况，也能对经营状态有所认识。随着企业不断壮大，现场员工的日常活动与经营的距离越来越远，理所当然对经营的感受就会越来越模糊。松下幸之助也表示："在公司大约 200 名员工规模的时候，我最能随心所欲地开展经营，那时候我跟员工相互了解和理解。"

这样看来，使用利润表和资产负债表进行经营评价是必然趋势，可是就算利润表和资产负债表是相对完善、客观、良好的经营评价方式，也依然有它的局限性。

如何能做得更好一些呢？这需要每个部门按照自己的实际情况考虑适合的结算方式。

"利润表和资产负债表是非常好的方法，除此之外没有其他方法"的观点也有问题。我认为只要下功夫，应该可以找到很多方法，后面会提到的投入（消耗）/ 产出（成果）方法就是其中之一。

用什么方法才能把管理变回经营呢？我想应该需要"一定规模的部门制订与所在岗位相匹配的经营目标（不是管理目标），引入客户、竞争对手和利润的概念"。这样做下来，逐渐让一直以管理为主导的各部门无限接近经营，这就是我主张的部门经营。

但是，很多人把这个做法当作非常困难的事情来对待，对是否实施举棋不定。我认为，这是基于"经营是件难事"的心理前提造成的，我经常给这些人讲一个鱼贩子的例子。

有个鱼贩子每星期到我家两次，是个很年轻的高中毕业生,因为没有找到工作整天无所事事,突然动了开鱼店的念头。就这样,鱼店开业了,不知道是因为没有足够的开店资金还是没有合适的地点,他就在一辆小卡车的货仓里摆上货架,巡回售卖。每天很早到大阪的鱼市进货,进货的时候脑海里就会浮现那些可能出现在巡回路线中的客户,他会按照今天好卖的鱼的种类和可能卖出的量进货,这就是市场营销。他卖的鱼非常鲜活,也因此,鱼的价格很高。但是,到了下午他也会卖一些便宜货,因为鱼是活体,不管怎样也要当天卖光,他还会根据情况将鱼切成小块降价销售,这其实是为了清货而投入的促销成本。傍晚收摊后,他立刻拿出算盘,从销售额中去掉早上进货的花费,算出这一天的总利润(毛利),再从中预留第二天进货需要的金额,之后细分生活费、饭钱、汽油费等经费,要积攒的子女教育费、保险、汽车折旧费、意外开支。他的梦想是将来开一间寿司店,所以每天还要预留一笔储蓄金。这不仅是制订财务计划,甚至可以说对长期计划的内留部分也落实到位,鱼贩子每天都在做的就是了不起的经营和结算。很多公司按月结算,但是没有按日结算的吧,我认为这位鱼贩子是运用了最先进的经营方式的人。

我总是把这位鱼贩子的故事讲给那些说"经营很难,不是一般人能理解"的人听,或者说给觉得部门经营是根本不可能的人听。

我们不必讨论经营难与不难的问题,重点是要让谁都可以简单地理解经营。

时代变了：部门经营的五大目的

为什么提倡部门经营？与其讨论部门经营的目的，不如用从部门经营中获得的经验来看实施的必要性。

▪ 打造令员工满意的职场

产生工作动力的源泉是什么呢？虽然因素很多，但我认为最主要的是自觉工作的价值（对工作成果的认知），对工作是这样，对做学问、体育运动、兴趣培养也同样适用。

企业经营中各部门的工作成果，当然是指经营业绩上的贡献程度，最终以利润表和资产负债表的财务结算形式体现出来，但从利润表和资产负债表的成绩单中却无法了解企业各个部门的贡献度。这样一来，无论分担经营活动的各部门，还是现场的员工，其实都是在不明确自己的工作价值和成果的情况下工作的，所以缺乏产生真正动力的基础。

当然每个部门都有各自的目标，可以根据对这些目标的达成度来评价工作，但是与最终用来评价的利润表和资产负债表的关系不明确，所以对各部门的评价实际上还只是停留在对该部门或个人赋予目标的管理范畴。

部门经营打破上述管理组织的局限性，将单独的部门作为一个独立的经营体，也就是说，通过部门业绩让所有员工都了解本部门的工作状态，调动员工的积极性，进而使这个工作场所充满工作热情。

一味追求既定目标的工作方式，和自觉自发的经营方式，如果把两者所产生的成果进行比较，就会发现两种方式下员工的工作热情一定是大不相同的。

发挥部门经营的职场的作用，就是发挥自主责任经营的演练场的作用。

▪ 打造激发员工智慧和创意的职场

在一个能够自主经营，当场可以结算劳动成果，掌握经营相关状况的职场中，员工除了会产生工作热情，还会被激发出智慧和创造力。

只有实际负责而且每天都在践行的人，才最清楚工作是什么，这些人对工作一定有独到的想法。推行部门经营的职场，就是要发挥智慧和创造力，把职场打造成每天都是崭新的经营场所。

▪ 训练懂经营的人

松下幸之助说："经营的课程既可以学也可以教，但是经营既不能教也不能学，只能自己领会。自己领会要有演练场，松下电器就是那个演练场，社会是更大的演练场。"柔道、剑道等任何运动都是如此，要掌握它就需要有相应的训练场地。实施部门经营，就是要将职场打造成学习经营的演练场，并在这里孕育出懂经营的人。

▪ **打造快速敏捷的经营**

前面说到，经营有两方面：一个是生存经营，对预测的未来采取措施，也就是所谓的战略经营；另一个是应对不断变化的现状，当下进行的现实经营。部门经营是在经营的第一线构建自主经营体，就像在战场正中央设立战斗指挥所一样，因为在那里配置了有足够权力的指挥官，所以是最敏捷的、应对变化能最快反应的机制。

▪ **打造稳健平衡的经营**

如果以企业各部门为经营体，明确经营目标，对计划进行结算，就能清楚各自的经营是强是弱，有什么特长或缺点。也就是说，要明确作为经营整体的弱点和需要改善的部分，这不是定性的而是定量的，经营者可以通过加强和指导，实现均衡的经营。

经营固然需要特长，但均衡是更基本的问题。部门经营在打造平衡、稳健的经营体方面会起到最大作用。

组织准备：导入部门经营九步法

虽然整个企业的经营很复杂，但是与之相比，部门、科室、小组等各个构成单位的人数较少，目标也更简单明了。切记：不能以此为由就立刻开始进行部门经营。其原因是：

除了缺乏具备管理思想的高管,和适合推进部门经营的客观环境,还缺乏对工作和成果进行经营评价的制度。

实施部门经营,需要进行意识改革并根据各部门的实际情况,在制定相应的内部结算方式上下功夫,至少需要做以下准备。

贯彻部门经营理念和主旨

做任何事情都是如此:要想成就一番事业,让所有参与其中的人都对这件事的基本想法达成共识,这是成功的前提条件。部门经营也一样,让大家充分了解自主责任经营的理念很重要,至少要以大家能够接受为出发点,用简单易懂的方式向全员说明以下三点。

- 工作的主人公是从事这项工作的人。
- 主人公比任何人都熟悉工作内容,拥有岗位的自豪感,可以对这项工作提出可行性的改善意见。
- 要充分理解部门经营不是赋予经营责任,而是赋予经营权限。

另外,曾是公家性质的企业工会,对准备导入部门经营的企业提出强烈抗议,认为"那是把经营者的责任推卸给工会成员",我对此感到很震惊。虽然这是一个大大的误会,但是也有一定的道理。

确定可以全员参与的部门经营单元

所谓部门经营,不是只针对该部门领导的经营,而是全员都可以参与的经营。因为需要每个人都参与并对感兴趣的部分发表建议，所以参与人数不宜太多。根据质量改善活动的经验，参与人数限制在 10～20 人比较合适。站在经营的立场上，还要满足两个对于完成任务来说的必需条件：明确自己的任务和目标，具备自由裁量权。

我认为在日本企业中，能同时具备这两个条件的是一线部门的主管，从普遍意义上来说，能担任主管的人都有相当丰富的工作经验，了解现场状况，熟悉具体业务，可以应对变化，下属团队 20 人左右，主管对每位员工的情况都了如指掌。

事实上，所有实施部门经营的企业，都是以这样的经营单元来运行的。

一线部门是部门经营的前线作战单元，由经理和总监们负责的自然是更高一级的部门经营单元。

▪ 说明：质量改善活动和部门经营

部门经营和全面质量管理的质量改善活动是不是一样的？从运作方式上看很相似，如果可以，最好在同样的氛围下进行。但是两者有本质上的不同，质量改善活动是自发性的活动，由小组成员提出活动主题，成员可以选择自己感兴趣的事物，也可以选择适合的课题来挑战，不一定要拘泥于成果。部门经营是经营活动，经营目标是站在全公司的立场来确定的，必须要达成稳健平衡的收支，这就是本质上的区别。

成功举办质量改善活动的公司,有让部门经营快速成长的良好土壤,这样会使实施部门经营更容易。公司有必要把质量管理经常使用的方法工具活用到部门经营中,这样能取得不错的效果。

明确部门的基本使命

如今,几乎所有企业的经营理念都围绕企业的社会责任、企业存在的意义等。这样做,对于企业能成为社会的公器⊖是很重要的。如果企业内的各个部门都各自成经营体,当然也要将经营理念往下落实到每个部门:明确部门的使命和存在意义,这样做很有必要。

通常,经营理念是关于企业整体使命和经营方式的哲学,对于普通员工来说,往往会感觉模糊抽象。由于每个部门都有各自的使命,以部门为单位产生的理念就会更贴近部门员工,也更便于一线人员理解。

一般人会觉得,各部门的工作不就是日复一日、年复一年重复做那些事,应该对自己的使命了然于胸才对。其实不然,你觉得仓库部门的员工对自己的使命和作用了解吗?维护和修理等职能普遍被作为辅助来看待,就连这些部门的高管往往都意识不到自己的使命。

实施部门经营就是要明确各部门的使命和作用,以激励员工的工作自主性,使员工获得岗位自豪感,更是促进新举

⊖ 松下幸之助的有名论断,意思是:企业是属于社会的。——译者注

措落实和改进的好机会，整个职场甚至会随着部门产生特有的经营理念而焕然一新。

把企业整体的重要课题切实落实到各部门，使之成为部门具体的工作主题

企业的经营工作进行专业化分工后由各个部门具体分担落实，各部门努力做好日常工作，最终就是为了实现总体目标和解决重要问题。但是，企业并不能通过销售额和利润来把握整体目标，有的时候甚至会忽视部门工作与企业重要课题之间的密切关联性。例如，在企业资金周转困难和资金不足时，各部门大多会认为那是总经理和财务部门的事，他们会想办法解决，跟我们没多大关系。当然，总经理会担负整体责任，财务部门负责与银行谈判，但不论是总经理还是财务部门实际上都没有钱，钱在销售、制造、材料等部门。销售部门的资金以应收账款、应收票据、产品库存的形式存在，制造部门的资金以半成品和零部件等库存的形式存在，材料部门的资金以材料库存的形式存在。这些部门经常占用庞大的资金，能够动用这些资金的不是财务部门，而是业务部门。各部门制订资金筹措目标后，自然会以改善销售条件、开拓优质客群、改善生产管理和材料采购等为主题，产生新规划和创意。

通过明确各部门工作与企业整体课题的对应责任，整体课题被转化为部门的具体目标。当经营下放到各个一线部门，员工们的创意和努力就与经营建立了直接联系。

制定公司内部交易规则

向客户提供产品、服务和信息等，获得与价值相符的回款，这是经营的条件之一。但是，纵观企业内部，除了销售部门符合这一点，没有哪个部门能做到。很多关于独立核算的教科书也认为，事业部或营业所是销售部门的单位。但是仔细想想，企业中没有什么部门是靠自己就能够自给自足的，都是在为别的部门工作：采购部门购进材料和零部件是为了交给生产部门，生产部门的第一工序是为了把半成品交给第二工序而工作，人事和总务部门向全体员工提供从考核、培训、发工资、提供办公用品到员工食堂、宿舍管理等繁重的支持工作，总经理秘书从事的工作也是向总经理服务。能够提供物品和服务本身就是进行交易，已经确立了买卖关系，事实上，获得的工资报酬就是与之对价的体现，内部交易制度就是明确这些关系的规则，也是从管理蜕变为经营的基本。

- **对材料、零部件、半成品和其他物品的处理方法**

把所有这些物品都卖给交付对象。生产工序自不必说，领用铅笔、便签等也是交易，费用由提供部门代收，要把附加价值或者费用都加进去之后再定价。重要的是，加多少金额一定要公正合理，不是只加实际成本。把公正合理假设成竞争对手，不能输给它。用加工费来举例子，如果找其他公司加工，那么一定会收取加工费。虽然一般都有成本标准，但是站在生意的立场上，一定不能输掉竞争，必须有价格竞争力——经营就一定要记住这一点。

▪ 决定内部服务的费用

制定公平的标准来决定内部服务的费用，由接受服务的部门支付。到目前为止，部门费用都是被当作成本的，现在把它转变成部门收入。例如，总务部的打字工作，录入一页B5的纸多少钱、打印一张多少钱；建筑物的修缮和保洁费用、能源费用等也要制定公平的标准，由受益部门支付。除此之外，自行车和汽车的停车场费、员工食堂和公司宿舍的费用等都可以制定公平的收费标准，能够像这样通过设定内部服务价格来核算部门收入的情形多得出乎意料。当然，公司外部的其他从业者会按照价格、交付速度和质量等作为差别定价的标准。部门收入和工作本身所花的实际费用之差就是部门利润。类似总务、行政和人事等部门都是这样的小买卖经营。

▪ 派遣人工费

在企业内部，有时会派人去其他部门支援，在这种情况下，得到援助的部门当然要支付派遣期间产生的人工和相关费用。当部门人手多的时候，为了尽量减少费用支出，部门负责人就要积极寻找接受人员派遣的其他部门，想办法增加劳务产出的收入，这样，新的经营就产生了。

- **分摊辅助部门的费用**

除了生产、销售等部门，企业还有很多辅助部门，这些部门也有相当一部分工作可以设定单价，从受益部门得到内部交易收入，但是仅仅靠这些收入一般做不到收支平衡，其中还有像企划、财务、技术和质量管理等部门，这些部门的可销售额几乎为零，这就需要由其他部门分摊这些辅助部门的费用。

有必要公平地制定分摊标准，明确地向分摊这些费用的部门解释说明。在制定分摊标准的过程中，不要忘了对公司总费用进行分摊。如果制定的分摊标准不准确，部门的盈亏平衡点就会变得模糊，从而导致判断错误。辅助部门的费用体现为无形劳务服务。

要特别注意的是，辅助部门必须打破以往的管理方式，一定要将可以独立核算的部门按照独立经营部门对待。比如，很多制造型企业或者酒店、写字楼，会把负责机械和设备修理、维护的部门当作辅助部门对待，其实这些都是很好的独立经营部门。

规定内部利率

成本和利润很容易理解，任何人都对降低成本有些常识，但是面对资金，除了负责人，似乎就没有人那么明白了。为了打破这一点，要适当确定公司内部的利率，这样做，在部门结算过程中，自然就会产生资金意识。

明确固定费用的分摊基准

在日本的教科书当中,涉及独立核算制度的时候经常会提到,最好不要划分经营单元无法控制的辅助部门费用和公司固定费用,理由是在分摊的费用当中,如果无法控制的部分占比很大,即便经营单元努力改善,效果也不显著,很难激发出必须改善的欲望。我不否认这种看法,但是站在经营者的高度就不会采纳这种观点,原因有以下三个:

- 损害了获知"原来自己的工作需要承担这么多成本"的成本意识。
- 部门盈亏平衡点模糊,会造成经营判断失误。
- 阻碍削减固定费用的创新思考。

前两个原因很容易理解,先不谈眼下该如何管理,这两点都是站在真实的经营立场上产生的想法。我最想强烈呼吁的是第三个,看看下面的案例。

这是有7个部门、能坐近100人的营销中心的大房间,有两个抽屉的大桌是总监和7位经理的座位,有一个抽屉的桌子是主管的座位,没有抽屉的普通桌子是其他人的座位,这些桌子全部按部门整齐排列。总务科作为房东向各科收取房租,根据建筑物的折旧费、固定资产税、能源费、保洁费和修缮费等算出房租。如果开展营销活动,就需要用到这个管理良好的房间和设施,对各个部门来说房租都是必要的经费,这个固定资产费用要按人头分摊,按以往的常识,只要有房间和设施就有固定费用。有一次,在一个部门的结算研讨会上,有人提出:"我们科室总共才 10 个人,因为经常出差,每天在办公室工作的平均也就 3 个人,最多 5 个人。我们把一半桌子归还,一起使用 5 张桌子就够了,把节省下来的房租用来促销。"于是这个科室占用的办公室面积缩小为原来的一半,其他科室纷纷学习,有的甚至撤掉全部的 10 张桌子,只用一张就够了,房租减到原来的三分之一,此外,归还桌子还收回了相应的费用,很快宽敞的办公室空了一半。这次轮到总务科困扰了,都这样的话总务科的收入就减少了,为了有效利用闲置空间,总务科煞费苦心。

通过这件事我知道了:公司作为整体,固定资产的投入不可能减少,但是各部门却可以通过自己的创意使之减少,"在部门经营中,固定费用是变动费用",说是部门经营催生了经营创新也不为过。

要给辅助部门适当的预算性收入

企业里有总务和人事之类的辅助部门,虽然这些部门做的是支持性工作,但是仔细分析的话,这些部门的工作中,有很多都可以直接获得收入。就算加上这些收入的总和,这些部门也无法实现收支平衡,如果只靠这些收入肯定会出现非常大的亏损。当然,还有很多工作都无法直接定价,对无法直接定价的工作,企业必须要支付妥当的费用。企业需要做好这些工作的预算。

这里提到工作的预算，只是为了明确预算的概念。一般都是以人均人工费和附带的相关费用为标准，再乘以人数，算出部门预算——辅助部门一般倾向于用这种算法，在不知不觉中就养成以投入（消耗）为主的思维方式。但是这不是预算本来的样子！部门预算应该根据预期的工作产出（成果）来设定。如果说总务和人事部门靠直接收入只能是严重亏损的话，技术部门就完全没有收入了。之所以还要设立这些部门，是因为这些部门的工作对经营者甚至整个经营来说都是不可或缺的，这个时候，预算就是对这些部门工作的报酬。这样决定的预算，最终在金额上可能与以投入（消耗）为主要考虑的预算并没有很大差异，但是制定标准的方法却完全不同。

既然这是根据产出（成果）决定的预算，就必须在与投入（消耗）的对比中对产出（成果）进行研究评价。这就是部门结算，这样做出来的预算才能作为辅助部门的费用让各部门分摊。

在政府预算方面，有时会看到预算运用得很完美，比如年末正好用完的情况，有人认为既不能超预算也不能有剩余，不然就会造成第二年按照剩余额度减少相应预算。但这种做法并不是充分灵活地使用预算，反而是陷入了必须按照预算范围开展工作的怪圈，这是本末倒置的做法。至少对处在激烈竞争的企业经营来说，就算有预算，也要尽量减少支出，开源节流。

部门经营要通过部门经理上传下达、贯彻到位

部门经理要有"尽全力创造高绩效"的经营意识,为了把部门工作与公司总目标相结合,就要善于传达企业所处的外部环境、市场状况、竞争对手的动向和实际经营情况等信息,实现领导者和追随者的思想统一,这很重要。在部门经营中,经理起到既独立自主经营又维持部门团结的作用。

部门经营:用产出投入进行计划和分析

经营实践最终以制订年度经营计划、执行计划、经营结算和经营分析的形式进行。

在独立的企业体(包括独立核算的经营单元)中,因为年度经营计划的最终目标(也就是销售额)是明确存在的,可以把实现销售目标的各项活动和随之产生的经营资源投入也作为计划进行掌握。各部门的工作计划往往会被分别赋予目标和预算,预算因企业而异,主要还是各种费用,如人工费等。如果把部门设定为经营单元,只考虑这些是不够的。了解经营状况的方法有很多,建议使用投入(消耗)和产出(成果)的方式,希望能为读者提供参考。

- 投入(消耗)

投入(消耗)是指部门为了实现产出(成果)而消耗和

利用的一切经营资源，除了人工费、材料零部件费等，还要毫无遗漏地计入固定资产和设备等费用，甚至是辅助部门费用和总公司费用等分摊费用，数据的准确性可以适当，部门的投入（消耗）总量原本就等于公司整体的费用。

- **产出（成果）**

产出（成果）是投入（消耗）的结果，分为两个方面。

第一，通过给其他部门（销售部门的客户）提供物品或服务而得到的金额，是销售额和预算性收入。

第二，完成部门原有的基本任务和领导层特别要求的课题。

销售额是由接受物品和服务的其他部门或外部客户支付的商业交易的收入。所谓预算性收入，一般是指辅助部门获得的服务酬劳，那些不属于商业交易对象的部门在为全体员工工作，所以要从其他部门征收预算性收入计入产出（成果）。对于被征收的部门来说，这部分金额以辅助部门费用计入投入（消耗）。

关于销售额和预算性收入，需要特别注意三点。

第一，在商业交易带来收入的情形下，按照公正的单价（内部交易价格）提供物品和服务是前提条件。如果只是按照实际成本计算销售额，就不是经营。（实际成本是为了降低成本而核算的，与交易无关。）

第二，预算性收入也不是根据部门的人员和以往的实际数据等轻易决定的，而是通过这种方法来决定的：明确实际赋予的任务和使用的方法、手段，确定最终达到什么程度，然后将这些行动和目标进行组合，在这个基础上考虑与经营整体的平衡。

第三，辅助部门要对自己的工作仔细分析，不要遗漏可以实现的收入。严格核定部门经营体，避免随意编入预算性收入。其中，产出（成果）与投入（消耗）的差距和比率（利润率）是作为核定的基础评价之一。

虽然在形式上，部门经营和以前的预算管理相似，但预算管理是以在预算范围内实施既定活动为目标，而部门经营则是以利润和利润率为目标。因为可以通过增加投入（消耗），获得更多的产出（成果），所以可以在稍微控制产出（成果）和大幅减少投入（消耗）之间进行灵活探讨——这是管理和经营的差别。也有人认为，这样做的话，整个经营会混乱，其实在讨论阶段如果能够充分站在整体平衡的立场就没问题，立足于自主责任经营，就要给予灵活广泛的讨论自由度。

关于无法用金额显示的预算性收入，各个部门一定要完成部门任务，并且完成领导层特别要求的任务。如果每月实施部门收支结算，就会产生"无论如何都要把重点放在收支考核上"的倾向。完成任务才是部门存在的真正意义。

企业的经营方针就是各部门任务的产出（成果），如果各部门任务的产出（成果）笼统或者含糊，经营方针就不明确；如果产出（成果）具体、简明，经营方针就明确，还能确立对员工的领导力。例如,销售部门不仅要追求高销售额和部门利润,还要明确回款、回收发票,进行销售渠道布局、零售店的增减,提高零售商的质量,改善产品库存指标等。这些体现销售质量的产出(成果)都必须纳入经营考核。

在部门经营中,产出(成果)的设定是关键,如果设定不合理,或者缺乏作为企业整体的目的性,部门全员的努力就会徒劳无功。产出(成果)需要由各部门的负责人、直线上级尽可能与领导层协商后最终决定。

作为常识,销售部门和生产部门的产出(成果)很容易理解,为了明确其他部门的产出(成果),可能需要下点功夫,怎么做都没办法明确产出(成果)的部门,就没有存在的必要。另外,无论什么样的产出(成果)都可以通过某种形式进行量化评价,所以要在确定"形式"上下功夫。

- **O-I 对照表:产出(成果)- 投入(消耗)对照**

确定了产出(成果)和投入(消耗),做成和利润表或资产负债表一样的对照表就容易明白了,按项目进一步整理效果更好。也就是把对 A 项目的产出(成果)与对 A 项目的投入(消耗)相对应,B 项目也是一样(见表3-2)。这样一来,经营效率就一目了然,无声地展现出每个业务该在哪里进行改善。

表 3-2　O-I 对照表

投入（消耗）		产出（成果）	
		金额产出	业绩产出
A 工作的直接费用 A 工作分摊的辅助费用 } 合计		A 工作	A 工作
B 工作的直接费用 B 工作分摊的辅助费用 } 合计		B 工作	B 工作
共同的投入（消耗）		（预算性收入）	

O-I 对照表首先用于编制年度经营计划，之后用于实际业绩检讨，了解设定的成果目标是否恰当、投入（消耗）的预算有没有遗漏，或者事后检讨部门的经营状况如何、问题出在哪里，等等，可以用实际数据编制业绩 O-I 对照表，与当初计划进行比较。甚至可以编制过去几年的 O-I 对照表，分析各科目数据几年间的变化，判断部门经营的状况是不断提高还是有恶化的趋势。

当然，O-I 对照表不仅仅是对部门的负责人，也是向全体员工贯彻部门经营的重要方式，是把握部门经营实际情况的数字化工具。

▪ 全员参加结算研讨会

结算研讨会是对年度经营计划实际成果的探讨，当然需要全员参加。为了实现更好的经营，全员参与，可以激发出各种各样的改善对策和创意，所以会议要做到内容通俗易懂、氛围轻松愉快。为此，根据 O-I 对照表，做一些能够把进度甚至要点直接体现出来的表格和雷达图。与其要求全员发言,不如创造出踊跃发言的氛围,联想到运作顺利、成果显著的全面质量管理模式,结算研讨会可以从中汲取经验。

- 让财务人员融入各个经营单元

我给财务人员进行了分工,让他们都能参与各部门经营计划编制和结算研讨,这个做法受到大家的欢迎。负责财务会计的年轻人除了可以通过账簿和账票,还可以通过直接参与这些活动,了解各个部门、各个业务现场的问题和烦恼。

内部市场化:突破导入部门经营的难点

接下来介绍的案例,都是我作为事业部部长和部下一起的亲身经历,还有作为顾问在几家企业的实践和见闻。

通过这些体验,我强烈地认识到:现场的事情还是现场的人最熟悉。下放权限是激发智慧的条件,这成了我的信念和经营理念。

经营应该向下、向下,尽可能地向下放权。

总务、人事和财务等职能部门的经营

这些部门都没有销售额,也很难对其业绩进行评价,绝大多数人认为这些部门没法实现部门经营。如果真的有部门没办法进行业绩评价,那么这个部门本身就不会存在。如果这个部门在哪个企业都有,就一定可以很好地进行业绩评价、实施部门经营。所以,还是要在如何评价业绩上下功夫。

在尽可能详细地罗列、分析这些部门负责的工作内容后,就会意外地发现:有很多工作都可以作为生意。

在公司内部,一些业务被称为培训、人才培养、福利和总务等,同样是这些事情,在公司外部都可以成为生意,还可以通过有竞争力的内容、价格、服务和速度来提高收入。所以,在公司内部也要给这些工作全部设定恰当的内部交易价格,并从受益部门收取费用。既然要收费,当然就要达到相应的服务质量。为了做好这些事情,下功夫保障质量、努力改善服务就成了部门工作的主题。不仅如此,每个月还要对投入的一切费用和收入进行比较、结算,由此产生成本意识和盈利观念,进而产生部门经营。

即便有了这样的收入,这些部门在收支方面仍然会出现大的亏损。因为业务内容的很大一部分都无法成为生意,出现大亏损是理所当然的,这时就需要给予预算作为预算性收入。设定了作为收入的预算,再加上生意收入,就是产出(成果)的销售额,用这个金额与实际投入(消耗)相减就是收支结算。只要在节约上下功夫,减少投入(消耗),努力增加生意的收入,收支就能得到改善。

在部门经营中收支结算很重要,还有一个更重要的,那就是预算性收入与部门基本任务的结算。例如,人事科的基本任务之一就是对员工进行道德教育,提高员工的工作热情和职场士气,所以,高昂的工作热情和职场士气应该是对人事科工作结果的评价。

综上所述,公司内部的培训和学习等活动,不是机械地执行上级指令,而是通过调查员工的培训需求和评估培训后的效果,用数字对培训工作成果做出量化评价,这样才会激发出更高质量的培训方案。

- **财务部处理发票可以算收入吗**

某公司会计科提出一个方案,内容是给处理一张发票这种工作定出单价来计算收入。这其实是本末倒置的行为,因为对会计科的成果评价取决于结算的速度和正确性,取决于是否向领导层提出了适当建议,还取决于是否快速地向各部门提供准确的财务数据。所以,最重要的应该是对预算性收入的相应工作成果进行量化评价,确认经营部门有没有下功夫。

管理办公用品的女员工怎么做个人经营

总务部有一位女员工负责管理铅笔、橡皮、文件夹、便签和信封等办公用品,仓库里有库存。她按各部门的申领单分发物品,还要根据库存情况适当补货。一年出库金额不到2000万日元,涉及品种超过100种。

总务部长在倡导节约费用时,提出了让办公用品的消耗减少10%的目标,结果却毫无改善。

这位新入职的女员工工作认真踏实,领导对她说:"这项工作全部拜托你啦,虽然基本任务是根据现场的要求顺利出库,但我还是希望尽可能减少 5% 左右的用品消耗。"她既被授予了权限,也被赋予了任务和目标。

起初女员工总有点不知所措,担心"是否真的可以按照我想的那样做",可是没过多久她就干劲十足地开始工作了。

一方面,她拜访了总经理以下级别使用办公用品的所有人,说明来访目的和被委派的工作,对每张桌子的抽屉进行检查,之后做出这样的规定并实施:铅笔两支,红笔一支,圆珠笔一支,公司便签每种两本就可以了,多余的用品全部回收。

几乎所有人都有规定量的三倍以上,回收之后,仓库就有了三个月以上的库存。据说那些铅笔只用了一半就丢掉的人,还要参与节约项目的岗位训练来进行反省。如此一来,办公用品的使用量减少了 5% 左右。

另一方面,因为连续几个月采购为零,资金就变得充裕起来了,总务部可以用采购节省下的资金购买至今为止没有库存的特殊用品。以前那些特殊用品在得到申报单后 7 ~ 10 天才能到货出库,现在可以立刻出库了。这得益于这位女员工充分与现场沟通,询价后定价,一旦需要就购买备货,如此一来,总务部可以便宜地买进适当的用品。她的工作获得了非常好的口碑。

虽然这是新来的女员工的本职工作,但我认为这是一次出色的经营。虽然是简单的事务,但是她做了市场调查,掌握了实际情况,确立了基本方针,提出了想法并果敢执行,最后取得了成果。另外,通过资金管理、采购管理、库存管理(不仅是仓库、车间的库存管理),总务部的服务水平提高了。一位懂得经营的新员工就这么诞生了。

这个案例进一步细化到以个人为单位的部门经营,我们可以从中学到:就连总务科那样被认为是打杂的工作,通过一个创意也可以成为经营。

运输班(司机组)的部门经营

这是发生在某公司的真实故事。这家公司运输班(司机组)属于总务科总务组,有两辆轿车、两辆卡车、三辆服务车和五名司机,另外还有从运输公司租用的两辆货车。

五名司机都是开过出租车和货车的老将,都是四十多岁,有一点不协调的是:总务组的组长只有二十多岁。有一天,运输班接到组长"削减5%的费用"的通知,于是就让总经理的司机直接向总经理提起了抗议,还很有气势地说:"我们的任务是安全第一,万一发生事故会给公司带来很大的麻烦,我们始终都把安全放在工作的第一位,在这个基础上做到节约费用。那个没有私家车的年轻领导却通知我们减少5%的费用,谁能告诉我减少哪里合适?"

总经理认为既然组长指挥不了运输班,就说:"那就由司机们做部门经营吧。"这下司机们都老实了:"我们对安全驾驶负有责任,但是实在不懂该如何经营。"后来,司机们被说服了,同意让年轻的会计担任顾问,开始了运输班的部门经营。

第一次听了这个会计的详细说明后,司机们大吃一惊,开始讨论是不是真的花了那么多钱。果然,还是现场的人了解现场的情况。首先,有个很奇怪的内部规定,就是轿车行驶 10 万公里就要被更换,现在已经行驶了 85 000 公里,如果在这个时候把车卖掉,可以换取 60 万~70 万日元,如果再跑 1 万公里,就成了"破烂货",充其量卖到 5 万日元左右。如果每周检查、不等车检尽早更换零件,修理费也会更便宜,车的使用寿命也会延长。司机们甚至还对工厂的管理提出了建议:"每天下午 4 点左右,工厂经常和我们说'没有明天的零件,用加急的方式把材料送来吧',或是一大早和我们说'这是今天生产要用的零件,早点出发,早上 8 点到供应商那里去取吧',全赶在交通高峰时间段。如果能改为在上午 10 点到下午 3 点之间用车,全天就能够增加三倍左右的工作里程,甚至都不需要再租用货车了。这样难道不能把生产管理做得更好吗?"

就这样,经过各种各样的提案和改善,一年以后,运输班竟然实现了减少费用 5% 甚至 7% 的目标,经营得确实不错。果然,还是现场的人了解现场的情况,运输班的部门经营案例让我们看到:要给予员工的不是责任而是权限,这是激发员工智慧的条件,经营应该"向下、向下、再向下",尽可能地向下放权。

设备维护和售后服务部门的经营

无论工厂、大楼还是酒店、电信局,都有负责机械、设备、设施等修理和维护的部门。有人说，这些部门做的都是公司内部工作，只要有故障就得处理，不定期的工作非常多，很难成为经营单元。但在实际的部门经营过程中，维护部门反而体现出部门经营的有趣之处。

▪ 一件发生在某工厂里的事

这间工厂的设备科有一百多人，隶属于大生产部门，负责机械设备的修理和检查。工厂顺利运转的时候，工作量并不大，但如果机器出故障了，就要加班加点甚至干通宵。另外，设备科必须在休息日进行检查和维护的情形也不少，所以经常缺席公司组织的娱乐活动。总之，他们是加班极多，劳动环境最差，还被视为辅助性的一个部门，因此员工的不满情绪也多，职场士气低下。

随着公司推进部门经营，设备科也成为经营单元，需要从受益部门收取费用，然后作为成果进行结算，实际搞起来之后才发现亏空不少。修理单价是以委托外部公司时的价格为基准设定的，设备科通过对实际业绩进行分析，明确了能赚钱的工作和产生亏损的工作。于是，工作的可改善之处以及改善后将对经营产生的影响也变得清晰明朗起来。

设备科通过对使用频率高的备品备件的数量进行统计，预判备品备件的加工时机、成本水平和效益水平。全员通过参加部门结算讨论会，了解了本部门对公司整体利润的贡献度。设备科最初亏损10%，经过反复改善，亏损逐渐减小，10个月之后终于扭亏为盈。

这样一来，有趣的事情发生了：从迄今为止固有的"生产部门都是靠运气吃饭"的意识转变成"为了自己经营的公司而工作"。随着新的想法不断产生和落实，设备科也从提案率最低的部门变成了以最高提案率为傲的部门，科室门口挂上了以主管名字命名的"吉田工作所"的广告牌，设备科一扫过去低沉阴霾的工作氛围，俨然变成了一个充满斗志的职场。此外，吉田工作所还提出了自己的经营理念：为了实现更便宜、更快速、更高品质的修理，让我们一起想办法。

售后服务维修配件科的部门经营

制造型企业中一定会有某个部门负责保存、管理过去生产的产品的零件，作为售后服务的配件供应市场。根据日本法律，企业有"就算停产20年，也要提供这20年的产品配件"的义务，因此需要大仓库来存放数量庞大的库存。这些配件虽然价格便宜，但是出库量多，需要很多人员配合，仅仅是人工费、房租、库存和利息就是相当大的一笔开支（投入）。与此相对，产出（成果）的收入是维修配件的销售额，不算都知道，应该会出现相当大的亏损。虽然是受重视的工作，但与销售部门相比，维修配件科是个没有什么斗志的部门。

部门本身有交易业务，不应该亏损。大家尝试分析产出（成果）后，得出以下结论：收费零件虽然占了7%，但是根据销售部门的需求全部都免费提供；制造部门过多生产的老产品零件占了库存的近20%。

根据这个结论，有亏损并不奇怪，但是不该由维修配件科承担全部责任。在产品质保期内出现的故障，是哪个部门生产的就由哪个部门负责，没有理由让维修配件科承担无偿保障。况且有偿配件的无偿提供是销售部门制定的决策，由制造部门过多生产的零件并不是维修配件科所需要的。

因此，产品质保期内的无偿配件费用，首先向制定决策的总经理收取，根据销售部门的指示，无偿提供的配件部分，由销售部门支付。另外，维修配件科可以用适当的价格购买制造部门过多生产的必要零件，其他一概不予回收，多余的库存品全部报废，减少库存。这样测算整理后，亏损只剩不到2%。

看到这个结果，16名科员顿时振作起来，纷纷献计献策，提出众多降成本策略：将现有的三层零件架改装成五层，库存面积还可以进一步缩小；虽然需要购买叉车，但是这点费用与降低的库存费用相比，完全划算，成本进一步降低了；将出库率高的零件放在下面；可以在现货表单的背面用红色表示库存中缺货的零件，随查随买；建议设计部门增加通用型零件（不同完成品都通用的零件）以减少库存，等等。

这些建议经实施后，科室结算很快有了结果，维修配件科在一年后经营盈利2%，实现了扭亏为盈的华丽转身。

通过对科室基本使命的讨论，工作士气也随之提高，甚至得出了"维修配件科是唯一能够提高公司信誉的科室"的结论。这还真不是自吹自擂，分析原因可以看到，客户对厂家和零售店的信赖感，与其说是发生在产品正常运转的时候,不如说是发生在产品出现故障的时候。如果能够在发生故障的第二天立即修好,就会获得极高的客户信赖度,这个客户会成为公司的忠实客户;如果要花上一周才能修好,客户的信赖度就会下降,甚至产生"以后再也不买"的想法。

如果出现的故障需要更换零件,零售店又没有库存,就会立刻向厂家下单,厂家收到订单当天用快递发货,零售店就可以在第 2 天或者第 3 天进行修理,厂家的信用度就有了保障。最糟糕的情况是:厂家也没有库存,需要加急生产,至少要花 4～5 天时间加工零件,再发给零售店。要想保住信誉,就要尽量做到当天发货。通过维修配件的即时交付率(即日交货的比率),本来很难测量的信用度变得可见了——即时交付率就是在每天下午 3 点前的订单中,可以在下午 5 点之前出货的配件的比率。作为产出(成果)之一,大家调查了实际情况,发现即时交付率在 75% 左右,这就表示公司的信用在中下等。看到问题就及时解决,无论如何都要把即时交付率提高到 90%,维修配件科还设定了未来要确保 95% 以上的目标,达成了不增加投入(消耗)就完成这个目标的共识。经过全员一年多的努力,目标基本实现。

"维修配件科能够保障公司信誉,是唯一起到决定性作用的科室,时刻确保即时交付率在 95% 以上",这是大家提出的部门经营理念,维修配件科成为公司士气高昂的部门。

产品开发部门的经营

产品开发部门也被称为设计科或技术科,对于制造型企业来说是最重要的部门,因为没有销售额,成果也难以被量化评价,所以大多数人都认为在这里很难实施部门经营。话说回来,在公司经营中最重要的部门却无法实施部门经营,这本身就是个大问题。

产品开发工作的结果是把设计图纸交给制造部门,不是标价销售。产出(成果)的收入部分由预算决定,预算由公司根据部门课题的投入需求决定。接下来介绍两个不同的课题案例。

- **A 公司的设计科**

这家公司苦于质量问题,接二连三出现次品事件,造成了不好的市场影响。公司有 300 亿日元的销售额,亏损近 5 亿日元。次品是造成亏损的最大原因,光是表面数据就显示有近 4 亿日元的亏损。为了找出潜在的问题,公司对各类票据设置了"不良票据"项:总经理和营销总监为了解决质量问题的出差费用全部归为"不良票据",参与以质量问题为主题的活动的人工费也全部归为"不良票据",这样算下来亏损额竟然达到将近 6 亿日元。

接着,公司对产生不良品的原因进行深究,发现 80% 的问题都出在设计阶段。设计问题产生了近 5 亿日元的损失,设计部门面临的最大课题就是"消灭次品",第一个目标就是把表面数据显示的近 4 亿日元亏损减少到十分之一。在这么万分紧急的情况下设定这个部门目标是比较合适的。怎样制定预算才能达到目标呢?这个问题还是交给身为当事人的设计部门。

没过多久,经过全体人员讨论得到的结论是三项措施:增加两名专业技术人员,追加购买 700 万日元的测量仪器,生产出重复检测寿命高于以往 100 倍以上、价值 4000 万日元的自动设备。本来是因为亏损而被要求压缩预算,结果预算反倒提高了 10%,这是因为在明确部门的经营使命后,部门决定通过增加 2 亿日元预算来达到 4 亿日元以上的预期目标。

为此,每个月的部门结算讨论会都会强调:全体人员要不断地努力才能节约费用(投入),达成目标。

- **B 公司的产品开发科**

这家公司虽然没有质量问题,但是销售额停滞不前,市场占有率出现下降的趋势。代理店和零售店在研究讨论后发现,得出了"与竞争对手相比,公司产品开发能力弱"的结论。产品开发科的部门经营课题是:如何在产品开发方面战胜竞争对手。产品开发科从产出(成果)数量上明确了两个抓手:新品率 20%,热销品率 30%。

新品率是指在所有销售的产品中,上市时间在一年以内的产品所占的销售比率,热销品率是指新品占整个行业中热门产品的比率。从这两个指标来看,业界顶尖厂家的新品率和热销品率都在 25%,而 B 公司只有 10% 和 15%。如果能将这两个比率分别增加到 20% 和 30%,销售部门就承诺销售收入增加 20%~30%。在产品开发部门进行部门经营时，新品销售额可以作为临时销售额纳入产出（成果）管理。

以实现产出（成果）为目标，公司要设定投入（消耗）预算目标，尽量使投入预算低于产出目标，另外需要全员在经营上绞尽脑汁。产品开发部门的经营能力直接关系到整个公司的经营。

采购部门的经营

采购部门对外负责采购材料、外包零部件和其他一般消耗品等，对内则是将这些采购回来的物品销售给其他部门。既然要销售，就必须提供物美价廉的产品，为此，不论是搞活动的费用还是采购费都属于这个部门的投入（消耗）。把采购回来的物品交给各部门后收回的货款就是产出（成果），如果有次品或不合规格的产品造成退货，产出（成果）就会相应减少，所以采购时必须检查验收，也必须对承包工厂进行技术指导和质量管理，如果这部分工作委托其他部门承担，还必须支付相应的费用，投入（消耗）就会增加。另外，如果希望供应商打折，就要大量进货，库存增加当然要承担相应资金的内部利息，一旦库存腐化变质，处理不良库存造成的损失也会被计入投入（消耗）。

产出（成果）是按照规定的标准价格在内部出售的，因此，部门经营要尽量降低进货价格、减少次品，也就是以"出货质量控制"为基础。为了改善部门经营，要积极利用价值分析和工业工程,通过研究替代品和改善设计等技术性措施来降低成本,通过指导供应商引进全面质量管理来削减次品。更重要的是精选高质量供应商,将与之相应的目标值设定为另一个产出(成果),为了达成目标需要多少投入(消耗),最终又减少多少投入(消耗),这是部门重要的经营课题。

营销部门的经营

关于营销部门的经营,先了解一下营销负责人的心声。

松下政经塾前负责人上甲晃先生在松下住宅电器有限公司微波炉部门工作的时候,一台微波炉的价格在10万日元以上,销量很不好,一直卖不出去。以下内容是上甲晃先生的经历。

上甲先生进入松下电器后一直在总部宣传部门工作,后来当了宣传主管。有一次,山下总经理提出"要积极推进工作轮岗",上甲先生立刻就从宣传科调到负责微波炉业务的营业部工作。

当时是1972年,微波炉业务所在的事业部已经实施了以科为单位的部门经营,在日本有8个销售部门,每个部门都冠以主管的名字。上甲先生刚到任,就看到营业部部长免去了前任"关东地区商店主"。就这样,上甲先生成了"上甲商店"(小经营单元)的老板负责关东地区的销售。

到了月底,财务部会给我们一份商店月度结算单(我们称之为"商店白皮书"),在商店员工联席会议讨论后,白皮书被张贴在营业部的墙上公示。

白皮书在产出(成果)一栏中有各商店的销售、库存、区域市场占有率,在投入(消耗)一栏中,商店(小经营单元)的采购额、人工费用、促销费用、固定费用、所需资金的利息都计算在内,一看就知道哪个月盈利、哪个月损失。白皮书不仅以商店为单位计算,还对每个店员细化统计,这样就可以掌握谁赚了多少钱、谁亏了多少钱。商店(小经营单元)就像迷你版的事业部一样,其中也有个人商店(一个人的小经营单元)。

看完上甲商店的白皮书,上甲先生发现亏损很严重。据店员说,虽然营业部整体上有利润,但是首都圈、关东和北海道三家商店最差,连续亏损,营业部笼罩着一种只要是在这三家商店就觉得"不走运"而选择放弃的氛围。据说还有店员专门在其他行业的餐饮商业街闲逛的现象。上甲先生觉得这样下去可不行,于是到客户那里了解情况,得知销售公司仓库和零售店里都堆满了微波炉。尽管上甲商店只占公司销量的9%,库存却占了全国的30%,超过平均市场库存的3倍,而且库存几乎都是老产品,看起来是强行推销的后果。

当时,微波炉行业正值产品升级期,从只有电波加热的单功能型,转变为装有加热器、带烘烤效果的烤箱型,销售公司和零售店都表示"不把老产品卖出去,就没办法买入新产品"。这个道理,连作为外行的上甲先生也明白。

于是，上甲先生整理了资料，在商店会议上鼓起勇气说："虽然很遗憾，但是如果不设法处理老产品，上甲商店就只能倒闭。"事业部部长用可怕的表情盯着上甲先生，就在上甲先生盘算着该如何应付类似"营业就是把卖不出去的东西卖出去"的命令的时候，事业部部长开口说了上甲先生一辈子都无法忘记的话："这个库存是你成为商店主之前产生的，适用于公司更生法㊀，我决定回收全部库存。"上甲先生当时确实松了一口气，但是那个月的结算做得很辛苦：其他商店因为新产品大量出货都是盈利，只有上甲商店退货比发货多，销售额锐减，变成了空前的大亏损。没想到以此为契机，所有店员都涌起重新经营店铺的欲望，到目前为止看起来还算顺利。然而，就在前几天还是宣传主管的上甲先生对如何经营销售部门却完全摸不着头脑，在商店会议上，很多问题需要向部下请教，换来的尽是"你怎么连这个都不知道？"的表情，甚至感觉连女员工都在小看他，上甲先生虽然也提出过必须更换产品之类的重要建议，毕竟是外行人，怎么可能懂营销呢？

于是上甲先生就利用出差的时候，和部下同住一个旅馆或酒店房间，抓住一切机会耐心聆听部下的说明，适时适度地提出问题，积极征求部下的意见，一边休息一边聊天来了解情况，也了解部下的烦恼。这样，部下对上甲先生也坦诚相待，还提出积极的意见，上甲先生也会说出自己的意见和

㊀ 公司更生法，为了不使企业破产而制定的法律。——译者注

看法,敞开心扉。逐渐地,员工们感觉和上甲先生心灵相通,相互信赖度也提高了。有时,他们从星期天早上开始聚集到商店主家里开结算研讨会,还会邀请其他商店的年轻人一起开成功案例分享会,店员们团结一致,经营热情高涨,顺理成章地实现了全员经营的状态。

在此之后,上甲先生不断巡视各地市场,积累了从销售公司、零售店老板那里获得的经验,了解了很多事情。比如,上甲先生发现营销其实是一件很保守的事,在联合商店会议上作为成功案例推广的广岛、静冈和九州等地方经验,都具有该地区的独特性,即使直接照搬到花之江户也未必成功,上甲先生还清楚地认识到东京需要有与东京相匹配的营销创意。

就这样,作为门外汉的上甲先生逐渐对经营产生了自信,商店经营走上了正轨。有一次,一位年轻的店员想和啤酒公司合作,于是邀请了很多潜在客户到工厂参观,之后拿试饮的免费啤酒和微波炉做了即席料理,在多功能大厅成功举办了啤酒派对活动。虽然这个促销活动没花什么钱进行推广,但啤酒公司非常高兴,无论参与其中的零售店还是客户都给予了极大的好评,成交率相当高,取得了超预期的效果。

不论在哪里都不例外,进行部门经营之前,促销费用只能由营业部一个部门来支配,通过实施商店制度,促销费用就全部由商店进行支配管理,商店可以充分地自主发挥创意,灵活运用。比如,像在日本东北、南部冲绳那些有醇厚乡土风味料理的地方，就可以与当地受欢迎的料理老师合作，制作出其他公司没有的食谱，这种做法博得了很高的人气。30名女员工和事业部部长到了千叶，带着新产品去所有商店进行滚动式销售，扩大了销售网，取得了很大成功，当然，费用都是由上甲商店支付的。像这样经常交流、交换商店创意和成功经验的活动非常多。

还有一个令上甲先生难忘的回忆。那是某一年忘年会⊖的表彰仪式。当时的事业部部长小川先生是个很幽默的人，他规定了授奖游戏规则，并决定亲手颁发奖品。规则是这样的：完成销售计划的商店和店员，奖品是黑牌威士忌⊜，还差一点完成的奖品是红牌威士忌⊜，颁奖之后是日式牛肉火锅派对，如果商店亏损，那就只能喝不含酒精的饮料。上甲先生体验过那种感觉，实在忍受不了，最后只能请完成任务有酒喝的同事赏一口酒喝，他暗下决心："真是莫大的屈辱！下一次没理由完不成！"小川部长来到业绩排在最后、垂头丧气坐在角落的员工那里，拿着日本烧酒当慰问品，一边满上一边说："该喝点儿烧酒。"获奖的人，有在现场迫不及待展示分享战利品的，也有把它当传家宝珍藏起来的，什么样的都有，大家很随意。商店经营像这样搞表彰，既有严肃的一面，也有其乐融融的一面，如果硬要与绩效考核、人事考核相联系，虽然多少会有些关联，但是场面就会比较生

⊖ 日本企业通常在元旦前举办的年夜饭。——译者注
⊜ 黑牌表示盈利。——译者注
⊜ 红牌表示亏损。——译者注

冷。反正上甲先生觉得，像黑牌威士忌这种程度的表彰会更好，更有意思。

从那之后，以公司更生法为契机，在全体员工齐心协力的经营下，三年后上甲商店发展成包括首都圈在内的公司第一大商店，地区市场占有率也提高了 10% 以上，达到了 33%，利润也变成了 A 级。

在经营上甲商店第三年的年尾，上甲先生被公司派到松下政经塾。"即使组织再大，自己的部门就是经营体，自己就是经营者，和经营公司是一样的。"通过三年多的经营实践，上甲先生获得了这一人生财富，时至今日，当年的商店主和店员也会偶尔聚在一起聊天，大家都有共同的感受。

划小经营单元，部门经营成功的六大关键点

根据我的经验，部门经营成功的关键点有六个。

▪ 部门经营评价不是做横向比较

与其比较不同部门之间的经营业绩，不如比较同一部门由过去到现在的业绩增长，以此进行部门经营的评价。

各部门都会编制结算书来推进部门经营，于是有"A 部门比 B 部门优秀"这样的评价，我觉得这种做法不恰当。

当然，部门经营的方法和着眼点等是可以比较的，但是，如果以业绩结果来讨论技术部门与销售部门的优劣就不恰当了。

▪ 用部门业绩增长进行部门经营评价

评价部门经营需要每个部门将当前的业绩与过去的业绩进行比较，了解经营到底是变好了还是变坏了，如果变好了，按照同一部门的时间轴，以"变好多少"来进行评价，这样做才比较合适。

▪ 评价标准在一定期间内不要改变，不要摇摆不定

一旦评价标准定下来，经营上的努力就必然会朝着获得好评价的方向发展，因此如果评价标准不断变化，部门经营也会随之产生摇摆不定的现象，评价标准最好在一定期间内不要改变。

当然，经营重点和目标也会随经营环境的变化而变化，在部门编制、任务重点、目标等出现很大变化时，评价标准也要进行相应的改变。

▪ 一份让全员都看得懂的结算书

实现全员经营是部门经营的目标，所以在结算研讨会上使用的结算书要做到不受形式和格式的限制，要想办法使全体员工都容易读、看得懂，并对部门经营有所了解。

▪ 从力所能及的地方开始,创造部门经营的成功案例

即使决定了实施部门经营,所有部门也很难步调一致地进行,这是因为部门不同,实际情况也不同,部门负责人和员工的积极性和能力水平也不同。因此,可以先从能做到的部门开始实施,创造成功案例。有了身边的成功案例,可以证明部门经营只有想不到、没有做不到,同时公司还获得了部门经营的技术诀窍,给推进部门经营的团队带来自信。

▪ 互学互助:从伙伴那里学习,也教给伙伴

部门经营的想法和理念虽然很容易说明,一旦到了实行阶段,就会遇到进展不顺利的情况。每个部门都有各自特殊的情况,却没有相应的经营方法,因此,必须让现场的人根据实际情况来考虑经营方法,必须让现场的人做到步调一致。

以我的经历为例,首先在销售部门的八个科实施部门经营,两年后步入正轨,接下来组织这些部门的部长、科长、组长甚至一般员工作为讲师,开展学习交流活动。"没有比这更有趣的事了,这是第一次领略到活着的价值,我们成了经营者",这是热情洋溢的伙伴们说的,没有什么比现身说法更有说服力的了。很快,以科为单位的经营就拓展到了整个事业部。

划小经营单元实施部门经营,最好是先做新尝试和小改革,以成功案例为载体。

上级在部门经营体制中的四大责任

部门经营的目的是尽可能把最大权限交给以全员为单位参与的经营单元,建立可以发挥现场创意的自主责任经营体,员工获得的权限越大,上级的责任就越重。

接下来思考:上级的主要责任和担当责任需要的权限。

▪ 让所辖部门成功实现部门经营

让所辖部门成功实现部门经营,这是上级必须担当的第一大基本责任。为了履行这一责任,上级领导日常就应该进行经营检查和指导。另外,因为下级被赋予的权限和经营能力有限,作为上级要给予支持,这同样属于成功实现部门经营的责任范畴。

如果上级进一步放手,就会发现自己在经营能力、判断力和指导员工等方面的适应性都有显著变化。不论是适当的指导,还是恰当的人事安排,都是作为上级的重要任务,上级还要不断地激励、激发员工的热情和活力。另外,以在主动行动中暴露出的问题为重点,上级务必让员工在各部门的具体工作中相互理解、贯彻经营理念。

▪ 部门间协调

一个部门要取得成果往往需要其他部门的协助和支持。这就是所谓的横向合作。

上级最大的任务不仅是协调下属部门之间的关系，还有大力协助和支援其他部门，取得整体成果。

▪ **设定能激发部门活力的目标**

实施部门经营，部门的活力取决于设定的目标。

勉强才能实现的目标会扼杀部门的活力，有时也会招致反对，过于容易达成的目标会让人沉浸在安乐当中，失去活力的源泉。

设定比部门能力高一点的目标，挖掘部门潜力，这才是恰当的做法。合适的目标是需要上级领导重视的问题，只通过部门本身是无法设定的。

设定激发活力的目标不仅与产出（成果）相关，比如，由 10 人负责的工作，目标很容易达成，如果变成只有 5 个人做（投入减半），相同的工作就要下一番功夫才能解决。这就可以创造出新的活力。

▪ **迈向稳健平衡的经营：发现并加强经营的薄弱环节**

在企业运营中强的部分很明显，很容易被发现，而弱的部分却很难被发现，往往有一天，这个薄弱环节会给经营造成巨大损害。

将经营中的薄弱点极为明确、具体地以量化的形式展示出来，这是部门经营最显著的效果。

高层经营者最重要的任务就是迅速捕捉弱点，以公正的态度努力改善，使之变强。所谓公正，并不是一味责备那些实力较弱的部门,而是采取适当的对策。

企业的优势部门继续交给其部门负责人打理,越是实力很勉强的部门负责人,越需要给予支持、指导和辅助。但是现实当中,领导们一般都容易关注优势部门。优质的经营是指稳健平衡的经营。

有必要再强调一下,部门经营的目标是:为全体人员提供有意义的、愉快的职场环境,培养懂得经营的人,实现稳健平衡的经营。

领导人要在不断反省中推进部门经营

我想以自己在实施过程中产生的真实的反省和感想,作为本章的总结。

▪ 反思军队式的领导方式:当总经理不再发号施令

在导入部门经营这种方式之前,作为事业部总经理要有自主责任感。我曾经以为企业用军队一样的领导方式比较好,指挥官带头示范,给各部门赋予目标。然而,在推进部门经营的过程中,我发现以科室为核算单位的经营体经过分析经营状况,针对目标制定行动纲领,产生了意想不到的创意,看到部下改革旧习、大干一场的状态,老实说我真的很吃惊。同时,我意识到:比起我一一给出具体的指示,放手交给他们不是更好吗?与此同时,我也反省:那我的任务到底是什么?

■ **防止部门经营变质:把整体经营目标作为大前提开展行动**

员工不再是等待下达命令的人,这是我实施部门经营中最在意的部分。他们被赋予权限可以自由行事,搞不好也会朝着领导人并不希望看到的方向发展,或者是员工按照自己觉得方便的方式进行。如果这样,恐怕会对整体的组织行动造成障碍。企业是通过专业化分工合作的体制来达成经营目标的,部门经营本身使员工发挥创意,好处是每天可以收获新成果,但是也存在不听指挥、各自为政的风险,经营可能变质。存在变化是很正常的,部门经营追求的就是这样的变化,此刻,作为上级的我,也不得不开始思考我的新任务是什么。

不论是按照自己的意愿行动的人还是团队,都要把整体经营目标作为大前提开展行动。如何能够朝着这个方向做正确的决定,就成为总经理的新任务。为此,只有命令和指示是不够的。我开始思考,应该如何让各个部门有正确判断的能力呢?那就是:要把我所知道的与经营相关的一切信息告诉全体员工(包括外部经营环境和对变化的预测、公司的整体状况、当前的问题点以及必须解决的课题等),让各部门与总经理站在同一高度上理解公司的方针,明确目标和计划(这不仅包括公司整体的目标和计划,还包括各部门的具体课题）。

不仅如此，还要做到让各部门员工真正理解，除了充分听取他们的意见和主张，接受他们认为妥当的安排，还必须采取开放的态度，允许他们修正公司的方针。

▪ 总经理的新任务：表扬、鼓励、指导、建议、支持、援助、斥责

为了不使自主行动出现偏差，还有一件重要的事情——必须有自我约束的原则。这是人格、见识和经营理念的综合体现。在与人接触的同时，有必要"让他们充分理解我们公司的经营理念"，这要通过共同探讨、具体定位各部门的使命并达成共识，这样做才是有效的经营理念。因此，与各部门的接触和交流，做出表扬、鼓励、指导、建议、支持、援助和斥责等就成为总经理的新任务。

▪ 总经理要不断约束和反省自己

我清楚地认识到，这是需要下很大的决心、不断学习和积累经营经验才能完成的任务。这与之前提到的指挥官带头示范的领导模式根本不在同一个层面。也许说得有点夸张，但我真的决定重新振作精神努力学习，不断约束和反省自己。在部门经营的实践过程中，我终于体会到这句话的真义：只有把部下培养成经营者，才能让上级成为更高一级的经营者。在这里，我要再次感谢我的部下。

CHAPTER 4
第 4 章

稳健经营：
不自我毁灭的十大条件

　　那么，什么是稳健经营呢？有的人认为，如果一家企业盈利增加、资金安全、有合理的盈亏平衡点，这家企业就属于稳健经营。但是这些只表明了企业在某一特定时期的状态，如果环境恶化，而企业缺乏承受能力，经营就会变得力不从心，企业将陷入困境，在极端情况下甚至会破产。究其原因，我们会发现问题大都出在企业内部。

　　考虑到这一点，"稳健经营"意味着在不自我毁灭的条件下开展经营。让我们从不同的角度来思考这一问题。

稳健经营：
在不自我毁灭的条件下开展经营

正如在第 2 章中谈到的那样，企业不仅需要履行四大责任，还必须果断地对达成目标所需的投资中的风险进行挑战，做到这一点的前提是：让经营处于稳健的状态。

那么，什么是稳健经营呢？有的人认为，如果一家企业盈利增加、资金安全、有合理的盈亏平衡点，这家企业就属于稳健经营。但是这些只表明了企业在某一特定时期的状态，如果环境恶化，而企业缺乏承受能力，经营就会变得力不从心，企业将陷入困境，在极端情况下甚至会破产。究其原因，我们会发现问题大都出在企业内部。

考虑到这一点，"稳健经营"意味着在不自我毁灭的条件下开展经营。让我们从不同的角度来思考这一问题。

稳健经营的十大条件

我并不是想炫耀自己，作为一名经营者，我过往曾有多次濒死抗争的防卫战经历。我以不自毁作为底线，总结出稳健经营的十个条件。

- 拥有"绝对不让企业倒闭"的经营者精神。

- 定量地而不是定性地找出避免企业自我毁灭的条件。
- 实行堤坝式经营。
- 保持经营力的平衡。
- 持续不断地弥补弱势,创造日新月异的经营。
- 经营时不超过企业的能力极限。
- 尽全力消除浪费。
- 建设具备自我反省能力的组织。
- 预测未来,预先布局。
- 提高全体员工的志向。

拥有"绝对不让企业倒闭"的经营者精神

经营者要有梦想、有理想、有远大的目标,但是在这些之前,必须拥有"绝对不让企业倒闭"的决心。

曾经有人对我说:"你太不幸了,竟然在一家濒临倒闭的企业工作过,在一流企业工作会让你更加安心。"以前我也认为他说得有道理,但是当我思考部门自主经营并推进部门会计制度的时候,我发现有很多部门都破产了。在小企业工作的时候,"不能让企业倒闭"可能是老板应该考虑的问题,然而在大企业,部门或部门负责人必须有"我绝不会让我的部门破产"的决心。即使是现在最风光的企业,破产也是随时可能发生的事情,所以我坚持以稳健经营为企业经营活动的出发点。

有人认为企业的寿命是 30 年,如果一家企业不能持续改善,不能为未来布局,这家企业注定会走向毁灭,经营者务必将"绝对不让企业倒闭"作为自己基本的经营者精神。

定量地而不是定性地找出避免企业自我毁灭的条件

如果经营失败是自我毁灭所导致的，稳健经营的出发点就是要找出这种情况发生的条件。

虽然经营失败的条件可以用一些普遍的道理进行总结，但是重要的不是这些泛泛的道理，而是若出现危机或者不利的环境变化，企业有哪些应对措施，企业有多少能力承受这些变化，这些都必须定量预测。比如汇率问题，假设目前是 146 日元兑换 1 美元，而将来可能会变成 110 日元兑换 1 美元。从目前的状况来看，企业可以接受的汇率范围是 125～146 日元兑换 1 美元，那么可以采取的措施有：将国外工厂的生产能力提高 20%，为国内市场增加新产品，加强国内销售网络，将销售能力提高 10% 等。在经营方面，重要的是用数字展示一切，而"强化销售力"或者"提高生产力"等定性目标并不能发挥任何作用。

经营分析是其中一种用数字直观展示经营现状的方式，是以利润表和资产负债表的数据为基础，从财务角度评估经营状态的方法。目前它已经是一套完整的方法了。财务分析以数字形式标明了盈利性、资本周转率、流动性（安全性）、成长性、盈亏平衡点和资金运用状况，有了这些数据，就可以评估企业能否承受可能出现的状况，并设定改进目标。

尽管这些财务指标从不同角度评价了经营的综合结果，但是它们并不能直接体现带来这些结果的各种经营活动的妥当性，也不能直接表明经营能力的强弱，所以对于制订具体的活动目标或者要采取的相应措施而言，财务指标并不是绝对有效的。例如，对经营者来说，销售能力、技术能力和产品开发能力是他们最想了解的事情，可这是财务经营分析框架之外的内容，虽然可以对企业做出"我们企业有很强的技术能力，可销售能力很弱"这样的评价，但是这些能力达到什么样的程度无法用具体数字来评价，这些都是定性的评价。相比之下，财务分析是一种定量分析，因为它会无限地追求准确的数字。

即使想采取具体的行动来避免自我毁灭，如果依据的是对现状的定性分析，这些数据是不可靠而且不合适的，那么必须不惜一切代价将它们进行量化，而且必须制订规范的目标，要做到这些，除了财务分析，几乎没有权威的经营分析。假如硬要说的话，还有质量方面的不合格率、销售方面的市场占有率，以及作为士气晴雨表的出勤率、员工稳定率和工作满意度调查等经营分析。对于其他经营状况，必须结合当时的实际情况，为每个主题设计一个定量把握实际情况的方法，设定的系数既是评价，也是目标，所以即使不是完全正确，也要非常接近实际情况，不至于偏离太远。这既是经营的一个难点，也是它有趣的地方。

财务分析以外的经营分析对某家企业有效，但是对其他企业却不一定有效,请参考下面的图 4-1 到图 4-7 中列举的一些例子。

经营分析的方法

方法一:销售能力分析
○ 销售能力的强度:市场占有率
○ 销售能力的不同:各省级市场的占有率
○ 销售能力的变动

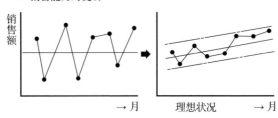

图 4-1　销售能力分析

方法二:销售网络分析

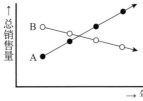

	1 年	2 年	3 年
渠道 A			
渠道 B			
总计			

如果有多个销售网络,如A、B、C等,则要预测每个网络的增长情况,分析每个渠道在保留现有实力(市场占有率)时未来的销售情况,以及通过对A渠道的积极投资增加占有率时销售额的变化。

图 4-2　销售网络分析

方法三：产品开发能力分析（参考第 3 章的"产品开发部门的经营"）

○ 新品率：新产品销售额占总销售额的百分比（如上市一年内的产品），随时间产生的变化、与对手企业的比较等。

○ 热销品率：在过去十年中，各同行的各类新产品和当前热门产品的比率及其时间序列变化。

方法四：资金运用状况分析
○各月资金变动

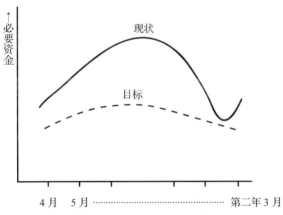

图 4-3 资金运用状况分析

○资金明细表

部门	内容									
	材料	零件	半成品	成品	应收票据	应收账款	总计 A	处理金额 B	A/B	增减	目标
第1销售科 第2销售科 ⋮ 总装部 零件加工部 采购部											

图 4-4 资金明细表

方法五：平衡

想要加入的领域（产品）	A	B	C	D
技术力	○	◎	×	△
生产力	○	○	×	○
销售力	×	◎	△	△
资金力	○	○	×	×

图 4-5　平衡

方法六：前景分析
○产品定位管理分析（参考第 7 章中的"长期规划：为了生存的战略构想"内容）

图 4-6　前景分析

○成熟度分析（参考第 7 章中的"长期规划：为了生存的战略构想"内容）

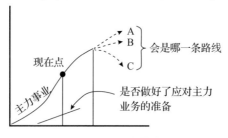

图 4-7　成熟度分析

方法七：综合管理能力（参考本章的"消除浪费的方法"的内容）
　　隐藏亏损（亏损成本）的百分比
方法八：良好的售后服务（参考第 3 章的"售后服务维修配件科的部门经营"的内容）
　　维修配件可立即交付的比率

通过这样的经营分析,具体地规定"不自我毁灭的条件",达到这些条件的计划就是中期规划中的体制改善计划。

实行堤坝式经营

堤坝式经营是松下幸之助经营思想的三大支柱之一,下面引用松下幸之助的原话:

> 毋庸置疑,修建堤坝是为了储存河流中的水,以便无论季节或天气如何,都能保证有一定量的水使用。在企业经营的各个方面都要创造像堤坝一样的储备设施,保证企业在各种各样的变化下都不会受到太大的影响,时常保持稳定的发展,这就是"堤坝式经营"的理念。
>
> (松下幸之助《实践经营哲学》"实行堤坝式经营")

松下电器从 70 年前的一个街道小厂,经历了诸多难关,发展成如今的松下电器,成功的最大因素之一就是贯彻了堤坝式经营这一理念。

这个概念并不难理解,讲出来谁都觉得有道理,但是事实上很难实施。我从自己的经验出发,帮助大家深入探讨一下堤坝式经营的具体实践步骤。

- **决定堤坝的设置场所**

如果自己的企业受到了损害,企业需要在哪些方面做好准备,这就是经营堤坝的设置场所。

- 设计堤坝

设置多大承受能力的堤坝是问题所在。堤坝当然是越大越好，合理的做法其实是先根据目前的能力和需求建一个小型堤坝，随着企业的发展，再将它改造成大型堤坝。

- 储水计划及其实施

如果你决定建一个堤坝却不在里面蓄水，它将没有任何用处。堤坝蓄水不是立刻就能完成的，必须经过多年的持续努力达到蓄水位，这样才有价值。

接下来，以如何推进堤坝式经营为顺序进行说明。

- 四大措施构筑资金堤坝

堤坝蓄水是最重要的事情，需要不厌其烦地制订计划，抓住机会去执行。

当我负责一个新项目时，我预测这个项目可能会有三个月的生产和销售暂停期，就需要有足够的资金来维持这三个月的经营。

我对储水计划采取了以下四种方法。

第一，缩短设备折旧期。

不同类型的设备都有一个对应的法定折旧年限。折旧费是企业认定的一项必要费用，会在一定年限内分摊完（当然不是在正式决算中，而是在企业内部决算中），一旦分摊结束，累计折旧费就会作为准备金转到内部留存收益，堤坝就开始蓄水了。

如果设备在法定折旧年限内有损坏或老旧,需要被替换,堤坝就会放出储备,这样就可以覆盖相应的应急亏损。

第二,估算要折旧的夹具、模具等数量,提前折旧。

对生产企业而言,有专门用于个别产品的固定设备,也就是在生产结束后会被丢弃的夹具和模具,这些固定设备的折旧费要尽快分摊。例如某个新产品的夹具和模具费用为1亿日元,如果企业计划销售10万件该产品,每件产品的折旧费用将是1000日元;如果将销售计划设定为5万件,折旧费用就变为每件2000日元。如果销售5万件就完成折旧,之后每多卖一件就会多出2000日元,这个金额会作为留存收益自行扣除。

第三,设置专利纠纷备用金。

开发新产品的时候要对竞争对手的专利进行预测,并计算在发生冲突时所需要的备用金。如果运气好没有发生冲突,或者发生冲突但是双方交换专利使用权,那么之前提留的金额就会被内部保留,成为堤坝储备的一部分。

第四,预算差额计入留存收益。

如果在部门经营中经过全员的努力,成功地降低了该部门的预算费用,那么,我们不会将差额记录在整体利润,而是将其提取到内部的留存收益。

除了通常的留存收益,上面说的自行扣除规定已经实施了多年,当然,这些规定将导致账面成本增加,要将这些账面压力转化为努力削减成本的新目标。

▪ 人员堤坝：培养多能工，创造能力余量

人员堤坝并不意味着雇用多余的员工。

早期微波炉销售低迷，这令我们非常苦恼。因为一旦电视和录像机有新产品上市，或者到了空调销售旺季，零售商们就会把难以销售的微波炉晾在一边，转身推销那些容易卖的产品，这时候微波炉部门除了自行销售，没有其他的有效手段，这种境况倒是逼我想出了推销员堤坝这一方法。

当时企业有 400 名员工，每个月派 10～20 人到零售商工作一周，挨家挨户地上门拜访推销。在此之前，销售员们会充分学习销售沟通技巧和烹饪实操技巧，零售商们都非常欢迎。我们用这种方式培训了 250 名资深微波炉销售人员，每当销售量下降的时候，这些推销员就会被派往相应的销售战场。这样，技术人员、财务人员、人事和生产人员都对销售和市场有了更好的了解。负责产品出口的员工也积累了销售的实战经验，对日后被派去国外工作有很大帮助。

▪ 经营改善的堤坝：让财务数据服务于业绩提升

大家都明白降低盈亏平衡点的重要性。然而，盈亏平衡点只有高层和负责编制利润表的财务人员才知道。高层和财务人员为了降低盈亏平衡点，只会用固定套路，例如通过降低固定成本和变动成本，提高产品销售价格等，这些操作都难以让企业的堤坝蓄满。

盈亏平衡点和利润表等有效情报不应该由少数人独占，

第 4 章
稳健经营：不自我毁灭的十大条件

而应该公开给那些在现场努力实现目标的人。

为了降低盈亏平衡点，应该给相应部门规定一个具体的目标，即销售部门应该做什么、产品研发部门的任务是什么、生产和材料部门应该做什么，等等。如果这些部门达成了这些目标，明确说明利润表的哪一部分会发生怎样的变动，就能让员工产生实现这一目标的动力。

保持经营力的平衡

企业内部有许多支持经营的力量，这些力量必须得到平衡，一枝独秀的专业能力只是对从事特殊职业的人的要求。在企业经营方面，如果只有单方面的高能力，有时可能是致命的。

一些创业企业在优秀技术的支持下，迎来倍增式高速成长，却在某一天突然破产，这样的案例数不胜数。

在当今复杂而且快速变化的环境中，一个部门的弱点不能依靠另一个部门的优点来弥补，这样，注定有一天会失败，这是经营层的责任。

图 4-8 是一个朋友邀请我为他的企业制作的雷达图，展示了企业经营的平衡情况，符号"●"是我打出的分数，符号"○"是总经理的自我判定。在 12 个项目中，我发现的危险点有 7 个，总经理发现的有 2 个，很明显，我们都是攻击力偏向型，容易受到环境变化的影响。幸运的是，总经理后来努力改善了这种状况。

松下幸之助也在他的著作中热情地讲授过平衡管理，

这可能是基于他克服无数困难打造松下电器的经验,建议读者也使用雷达图对自己企业的能力平衡状态进行自我诊断。

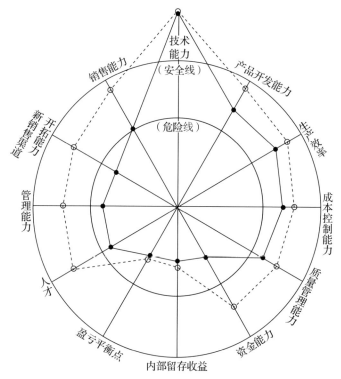

图 4-8　企业经营力的平衡

持续不断地弥补弱势,创造日新月异的经营

经营和人一样,为了发展,必须保证充满活力。什么才是充满活力的经营呢?每天都有改善,使企业处于生机勃勃的状态,也就是要保持日新月异的经营。

虽然前面强调了经营当中能力平衡的重要性,但是企业是不可能一开始就做到能力平衡的,必须通过弥补弱势能力才能逐渐实现经营的平衡。

关于实现日新月异的经营这一点,第 3 章已经进行了论述。在企业内尽可能多地建立自主责任经营单元,这是推进部门经营应该采取的理想姿态。作为经营单元,拥有明确的经营目标和权限,每月都进行结算,如果按照时间顺序观察每个月的结算结果,那么经营的弱势在哪里、是多大程度上的弱势将变得显而易见。高管的任务就是发现弱势部门并进行强化,确保企业保持整体上的能力平衡。强化的方法多种多样,将优势适当减量,让强势之处与其他能力维持在同等水平,也是强化的一种方法。

经营时不超过企业的能力极限

经营者在进行某一重大决策——特别是准备发起攻势的时候,除非有其他条件能够弥补弱势,不然,就必须以自己企业经营力中最弱之处为基础进行决策。

多年前,松下幸之助与某大学教授进行视频对话,当时教授向松下幸之助提出很多问题:"最近有很多企业倒闭,而且绝大多数是中小企业,您是否认为日本的中小企业势单力薄呢?",松下幸之助回答说:"我并不这么认为。从我的经验来看,企业 200 多人的时候是最容易管理的,组织内能够互相理解彼此的想法,贯彻经营者的目标和方针,不如说这个时候企业是非常强有力的。企业在这种情况下倒闭,我认为原因在于经营上稍见起色便尝试做能力范围之外的事情。"

尽全力消除浪费

企业经营状况好的时候，或者整个行业都处于上升期时，即使存在少量的浪费也不会影响业绩增长带来的收益，所以企业既不会发现浪费给经营业绩造成影响，更不会去在意这些影响。但是一旦行业停止增长，消除浪费就会成为掌握经营生死的关键，也就是必须做到的"控制消耗量，增加产出量"（普遍的说法是"量入限出"）。

但是浪费这种东西并不是经营状况恶化的时候想控制就能立刻控制住的，因为并非所有人都在预知浪费的前提下使用企业经费。有一次我在电视上看到一位被称为"再建之神"的人就任某企业老总后，亲自检查 100 日元以上的报销单据，并给员工进行详细指导。我一面惊叹这位老总的体力和工作能力，一面觉得这种做法效果很有限，如果不是专业人士，很难只看单据就能准确判断费用的必要性，至少我自己做不到。

对于费用，我认为可分为两个部分，一部分是对企业的经营活动起到积极推动作用的费用，另一部分是不得不支出的费用，比如在促销费用中，包括对提升销量有益的费用和处理老库存产品的费用，后者是不得不支出的费用。

如果管理做得好，就不会产生这类费用，本质上这是浪费也是损失，我们可以认为，这部分费用越少，经营管理的水平就越高。稳健经营的条件之一是平时就要开始不断努力寻找和减少这种浪费，建立良好的经营体制。

不过，要找出上面提到的浪费是不容易的，因为这些损失在表面上并不能被轻易发现，在财务报表或者具体单据当中也很难区分哪些是有效部分、哪些是浪费部分。可以通过盘点仓库的库存、材料，找出哪些是积压库存，这是一项必要的工作。隐藏于工作之中的、看不见的浪费也很重要，这是因为我们不知道浪费具体有多少，是在增加还是在减少。找出并减少亏损需要下一番功夫，针对这一点，请参阅后文"消除浪费的方法"相关内容。

建设具备自我反省能力的组织

认真的经营者会不断地反省自我，复盘经营之路。这里说的自我反省是对组织而言的，组织是一群人的集合体，稍不留意就容易缺乏反省。

组织对自己的行动进行定期反省的机会是财务决算，临时紧急的反省是内部监察，财务业绩考核是对稳健经营的复盘，内部监察意味着稳健经营的完成。

松下电器从 1936 年起，在每个业务部门举行月度结算讨论会，实施内部监察制度。㊀（现在虽然很多企业进行财务结算和内部监察，但是几十年前就有一个小企业已经开始实施这两项制度，真让人敬佩。）

㊀ 樋野正二所著的《松下经理大学之书》（实业之日本社）提到，松下电器于 1936 年制定了内部监察制度，其原型是"检查规定"。

▪ 月度财务分析推动经营改善

月度财务分析不仅要制作每个月的财务报表，而且要仔细检查结算结果，分析计划与实际业绩的差异，查明差异的原因，寻找解决办法，讨论如何挽回业绩。

另外，财务决算要对事业计划的所有项目进行分析，而不仅限于销量、利润和资金等会计层面的分析。例如，计划在本月完成的新产品的样品测试结果如何，内部培训是否按计划进行，培训的问卷调查结果如何，材料费用的削减是否按计划进行，等等。如果建立了部门经营制度（参见第3章），就能够对经营细节进行全面审视和反省，稳健经营就会牢牢扎根（即使每个月做财务分析，如果只停留在向企业总经理汇报或者放进文件夹的阶段，那就只是在做财务报表而不是做财务分析）。

▪ 内部监察是企业的自我健康检查

如果只专注于当下的经营，企业可能会错失全局。企业靠人管理，经营者会有懒惰思想，认为总会有办法，由此导致库存累积过多等问题；经营者也可能会过分关注当下收益而推迟对未来的投资。内部监察制度就是为了预防这类情况的发生。

建立内部监察制度很可能被误解为是为了揪出某个部门的缺点，实际上是为了防患未然，提出"应该注意这一点"或"最好改正这一点"这样的忠告，让事情不至于发展到不可控的地步，防止部门管理者陷入困境，这是与一般的会计监察和税务监督完全不同的自我健康检查。

因为有诊断者和被诊断者的不同立场，所以叫作自我检查。如果没有相互理解和共同进步的意愿，那么很难达到充分的效果。为此，监察的内容不能只限于指出财务数据，还要明确分析产生这些数据的原因。对产品策略、促销策略和销售渠道等问题，以及生产能力和质量管理等与经营整体相关的问题，内部监察要借鉴企业内部和外部的案例。这听起来可能非常难，但是根据我的经验，如果认真地努力钻研，再加上利用企业内部丰富的资料，培养拥有专业监察能力的人才并不难。

以我的经验，在被任命为事业部部长之前，我只有设计的经验，我很幸运地从内部监察中学到很多。我提出了两三次接受内部监察的请求，都被告知事务繁忙。总之，我觉得接受监察的一方也需要做好心理准备，能够做到这一点可能也是稳健经营的条件之一。

预测未来，预先布局

在高速成长的时代，我们只要将远景置于企业发展方向的延长线上，就不用特别担心未来，只要努力精进当前业务即可。但是如今的时代，即使努力也不一定能保证有光明的未来。预测环境变化，思考自身实力，确定和选择自己的未来，并为之做好布局，这些并非企业存活的充分条件，而是必要条件（对于如何确定未来布局，请读者参考第 7 章）。

提高全体员工的志向

我在一家汽车企业工作了近 10 年,这家企业破产了,我就加入了松下电器。松下电器是对我有恩的企业,但是说实话,从技术、设备和生产管理等方面来看,松下电器的管理能力还没有那家倒闭的企业水平高。为什么在这样的状态下还能经营下去呢?我觉得很不可思议。让我觉得不可思议的另外一件事情是,在松下电器,一个生产线上的年轻女工说"这个月只完成了计划的 95%,下个月得赶工"。

我以前的企业,即使经理级别的员工,都没有人对自己负责的工作之外的事情感兴趣或者担心,我不明白为什么松下电器可以让一线员工都了解工作目标,关心并担心工作开展的程度和结果。

在那之后,我明白了松下电器每到特定时间就会公布经营计划,会在每个月的早会上报告上个月的财务业绩,相关人员都对事业部的经营状况了如指掌,而且这种做法已经延续了几十年。正因为有这样的传统,在不知不觉中,每个员工都形成了"必须全力以赴完成经营计划"的意识,这样就形成了经营文化,使企业变成一个使命必达的企业。这是和我之前就职的企业最大的不同。我终于意识到:这就是松下电器的强大之处。

出勤率、事故发生率、提案率、员工工作满意度、企业团建参与率、企业对社区的贡献等,都与员工士气相关,员工士气是企业发展的晴雨表。员工的目标感和积极性是企业发展的前提和基础。

补充说明：消除浪费的方法

很久以前，原油突然涨到34美元，引起世界动荡，这便是1979年的第二次石油危机。

当时，我所在企业的主要产品是石油和丙烷气设备。企业在危机期间销售额下降近200亿日元，而且无法通过扩大其他产品的销售来弥补。

事实上，在此之前企业有一段经营停滞期，加上挨了销量下滑这一重拳，双重打击导致其产生巨额亏损。

唯一的生存之道就是"量入限出"，"量入"的方法只有开发一款开创性的、有吸引力的产品，但是至少需要3年时间才能完成，而且没有能成功开发的任何保证。另外，我们说的"限出"，是通过自动化降低成本，也是以销量增加为条件的，这还有很长的路要走。我绝对不想裁员，所以，除了排查经营中的浪费，别无选择。在这种情况下，对手就是自己，尤其是消除浪费并不需要任何投资，这是唯一的办法。

排查浪费首先必须知道有多少浪费，这不是只从财务报表就可以看出来的。

于是，我想到了"如果成功经营就不需要支付的那部分费用"。

我随即对各业务部门下达了"1周之内估算出过去3

年的亏损成本"的专项指令，一开始以为需要一两个月的时间，或许是危机感所致，10 天后大家就估算出来了。这些数据每年略有不同，让人惊讶的是，每年的平均值为 4%～4.5%，如果是平时我可能会骂人，但是当时我感到很欣慰，这是已经被逼到极限的结果。

另一个让我吃惊的是：各业务部门的业绩和亏损成本率之间并不相关。

接下来介绍一下如何找到并消除亏损成本的步骤。

用红单和黑单找出隐藏的费用

非常简单的方法是：将所有的支付单据分为黑单和红单，正常费用使用黑单，原本不希望支付的费用使用红单，黑单和红单的分类标准由各部门讨论和设定。

例如，在促销费用方面，新产品发布会和宣传费用，销售和参加展览的费用，以及优秀零售商的表彰仪式和新店邀请的费用都是用于促进销量提升的积极花费，属于黑单；而处理过时产品和积压库存时降价的费用，属于红单，这些费用是潜在的亏损成本。另外，我们针对夹具、金属模具等各类设备折旧费的大肆花费也进行了排查。

例如，生产并销售 10 万台某型号的产品。假设在夹具、金属模具上花费 1 亿日元，如果生产和销售按计划进行，1 亿日元将成为黑单，但是如果卖出 8 万台已经是极限，则 8000 万日元为黑单，2000 万日元为红单。更幸运的是，如果生产和销售达到 12 万台，除了 1 亿日元黑单，还将增加

2000万日元的利润。

所有的会计项目总是以黑单和红单这两种方式核算,这样一来,红单总和就是每个项目的隐藏亏损费用。

如果尝试用这种红黑单据进行计算,表达的内容会与常规方式略有不同,我们看看前面提到的促销费用。

如果预算中包含 4% 的促销费用,实际促销费用在 3.8% 以内,这在常规方式中意味着节省了 0.2%,而在红黑单据方式中,黑单 1.7% 和红单 2.1%,合计数 3.8% 与常规方式相同,但是这意味着损失了 2.1%,而不是节省了 0.2%。当然,节约固然重要,真正必要和有效的费用不应该被强行停用,而应该被积极有效地利用起来。折旧费用也一样,以 5 亿日元为预算标准进行计算,实际能控制在 4.5 亿日元,如果具体内容为黑单 4 亿日元、红单 1 亿日元,扣除利润 5000 万日元后为 4.5 亿日元,就财务结果而言,在常规方式下是节省了 5000 万日元,但在红黑单据方式下是损失了 1 亿日元。

▪ 消除隐藏亏损费用,提高经营质量

每个会计项目的红单总和就是企业内部的亏损费用,隐藏的亏损费用体现了实际经营质量与账面经营质量的偏离程度。隐藏的亏损费用不能归零,因为这不是神而是人做的工作,因此和质量控制一样,通过查清其发生的原因并修正它,就可以将其无限归零。事实上我所在的企业经过几年的努力,能够将隐藏亏损费用控制到低于 1%。

最近有几家企业实施了这种方法,发现隐藏亏损费用在3%～6%,在记录利润的时候每个人都认为"我们企业不会有这样的损失"。

思考一下,如果想通过销售额来获得从隐藏亏损费用中挤出的利润,我们必须做多少工作?需要多少费用和投资才能获得?这样一想,就能明白消除隐藏亏损费用是多么难能可贵。

消除隐藏费用:依靠全员觉悟和团队合作

即使知道了隐藏亏损费用(也是利润)的数量,想减少这类损失也不容易,因为亏损费用很少出现在一个部门,而是通常跨越多个部门,为了消除隐藏亏损费用需要跨部门合作,这说起来容易做起来难,因为组织间可能存在壁垒或所谓的部门主义。

以前面提到的促销费用为例。

首先,2.1%的促销费用红单大部分分配给了2～3种特定产品的折扣销售,我使用质量管理常用的因子分析法调查了原因,图4-9是调查的结果,由各部门代表通过头脑风暴后绘制。

通过这张图我们得知,必须打折销售的三个原因是:①产品库存过多;②产品过时;③零售商的强烈要求。

进一步调查这三个原因。

产品库存过多的最大原因是生产过剩。生产数量由产销会议决定,在会议上,生产、外发加工和材料采购等三个部

第 4 章　135
稳健经营：不自我毁灭的十大条件

门给出了只考虑本部门立场的理由。

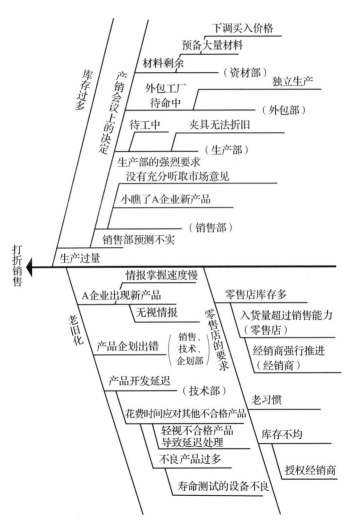

图 4-9　打折销售的原因

明眼人都看出来了,产品早早淘汰的原因是A企业的积极进攻和新产品的开发延迟。

另外,零售商和经销商也对促销费用有着强烈要求,各有各的理,可以说促销费用是从现在的销售管理状态中产生的、不可避免的费用。

这样分析下去,出现被称为折扣费的促销费用红单,原因并不只在销售部门,而是波及多个部门,也可能其他部门是主要原因;协调全企业意见的产销会议在运作上也存在很大问题;销售部也需要对营业政策进行根本的改革,这不是耍小聪明就能解决的问题。

以下为探讨后的对策。

- 不但是销售部,各部门都必须贯彻"市场第一"主义。
- 在产销会议上认真考虑市场的声音,站在全企业的立场进行讨论。
- 销售部门考虑对销售政策进行根本改革,以稳定市场。
- 制订下一个产品上市时间的生产计划。
- 每月在产销会议上讨论促销费用的红单,明确其产生原因和责任部门,并采取措施。
- 产销会议不仅要比之前多制订未来两个月的计划,还要预测未来四个月的销量,防止外购材料和内部订单的预订过多。

对于以上规定,各部门合作才能取得成果,必须依靠全员觉悟和团队合作,不可能靠企业总裁或事业部总经理的命令行事。

这些措施实施一年后,促销费用红单减少了一半。一个业务部门采取了更彻底的措施:在新品上市前三个月开始减少生产。这成功使产品面世时几乎没有老产品库存,促销费用红单已经归零。

我从部下那里得知,这也是松下幸之助"授权经营,众智经营"的经验之一。

- **建立合作机制,攻克心中的敌人**

产生隐藏亏损的原因都在内部。敌人在我们心中,因为部门壁垒,这个敌人非常强大,想要攻克它,比攻克外敌还难。

但是,改善隐藏亏损的费用为零,只要想做,随时都可以动手。如果能战胜心中的敌人,在各个部门间建立起合作机制,肯定能减少隐藏亏损,相应增加利润。这难道不是一个无论当前经营业绩如何,都应该立即启动的改进策略吗?

我是在企业经营每况愈下、举步维艰的时候想出这个策略的。这个策略能够在不增加销售额的情况下,在两年内提高利润近3%。

实际上比起这3%,通过这次内部改善,我们意识到各部门应该相互分担管理责任,产生共同的责任感,这成为今后实现大飞跃的基础,我认为这是最大的成就。

CHAPTER 5
第 5 章

数字时代：基于情报的敏捷经营

我们需要：对现有业务进行创新，为现有业务增加新价值，开发新业务。

然而，情报将是使其走向成功的唯一因素。这是未来的经营者——尤其是高层经营者面临的最大挑战。

企业经营需要市场情报

我们每天都会在电视和报纸上接触到数次或数十次由文字或言语组成的情报。虽然没有必要再次对情报进行定义，但由于我们现在要讨论其在经营中的作用，所以姑且将其按以下方式进行定义。

"情报"是"对经营有用处的新发现"，包括下列内容：

- 未经处理的事实或发现组成了数据。
- 将数据进行整理、集结、加工，并在企业活动中将其综合成便于参考的经营情报。
- 这些情报通过积累，进而变成了普遍化的、能够长期适用的经营知识、经营技术。

以情报为中心的企业将会处于领导地位

现在我们正处于所谓的情报化社会。然而，每个企业的经营者，不管是在哪个行业，在"情报"这个词被创造出来之前，就已经在收集并活用情报了。尤其是那些被大家称作走在人群前面的人，在这一方面已经领先了一两步。纪伊国屋文左卫门等人在活用情报方面取得成功的例子，在现代社会也是极为罕见的。虽说如此，现代社会向情报化社会靠近有其相应的理由,而理由当中最重要的一点,大概是情报活用的妥当性,或是情报活用能力的程度已经开始对经营产生了巨大的影响。在过去,很少有因情报滞后而造成重大损失或损害的情况,因情报滞后使大企业的经营产生动摇这一点就更难以想象了。这是因为在那时,情报的滞后和错误可以由其他经营力,如生产力、销售力或资金力来充分弥补。

然而,从现在开始,情报能力将和经营的三要素"人、物、钱"同等重要,是其他经营力无法弥补的,这方面的能力不足可能会直接影响企业的存亡。这就是从企业经营的角度看情报化社会,其显著特征有以下几点:

- 影响经营的情报变得极为丰富,其出现和变化的节奏也加快了。
- 已经出现处理大量情报的手段和方法,并正在急速且无限制地发展。
- 通过更好地活用情报,商业机会正在不断扩大,反之亦然。
- 物理距离的障碍已经消失。
- 行业壁垒正在消失,不同行业之间的竞争正在加剧。

以上列举的特征,现在有多数已成为正在发生的事实。从今往后,不以情报为参考,而是以情报为中心的企业,将会在其领域处于领导地位。

企业情报工作的 12 条规则

即使数据和情报本身是无特征的事物,我认为在处理和活用它们的过程中,接触它们的人以及这些人组成的群体所在的组织中存在一些趋势和规则。处理情报时记住这一点很有用。

根据我的经验,我给出了以下 12 条规则:

1)情报由情况的变化产生,并预示着情况的变化。
2)捕捉情报的程度取决于需求的大小和经验的深度。
3)情报的价值在于速度和准确性。
4)情报通过带有目的性质的整理和加工从而提高价值。
5)情报的表现力越强越好。
6)情报的活用由接收者的敏感度、经验和知识决定。
7)人们倾向于采用喜欢的情报作为重要的情报,忽视和否定不喜欢的情报。
8)好的情报在通过组织的过程中会被扩大,而不好的情报则有被缩小和删除的倾向。
9)情报过载有时会与情报缺乏产生相同的结果。情报需要整理。
10)当采取行动的人收到情报并理解情报时,情报才能发挥其真正的价值。
11)当情报与多数人分享时,会产生巨大的影响。
12)情报的获取是根据平等交换原则进行的。

这些都是显而易见的事情,但也因此容易被大家忘记,而忘记这些则会导致失败。接下来,让我对其中几条规则再补充几句。

▪ 情报是变化的自我表达,我们要有足够的敏感度和捕捉能力

火山喷发(大变化)之前会发生独特的微震和小地震,并预示后来会出现的大事件,全体国民通过三原山火山案例(1986年11月火山喷发)和伊东冲海底火山案例(1989年7月火山喷发)深刻认识到这一事实。社会和市场的变化也不例外,不可能没有任何预告就突发某现象。关键问题在于,我们是否有足够的敏感度和能力来捕捉这些预告现象。而情报无非是变化的自我表达。

▪ 从同行预告中敏锐发现并提取情报

有一个在企业工作了大约3年、担任专利文员的年轻人,他时常能够准确地预测竞争商家将在下一期推出的产品的技术特点,我请教了他才知道,他是对专利宣传进行了分析后得出的结论。这是一项简单的工作,只要整理一下每个制造商的技术项目宣传,并与过去的实绩进行比较,就能得出答案。但其中显然有制造商最重要的保密事项,即预告新产品的情报。

当然,为了从这些预告现象中提取情报,必须有强烈的需求,如果没有这种需求产生的智慧,以及能够嗅出数据背

后潜在情报的敏感度,即便有高精度的情报也无济于事。

▪ 情报深加工产生全新情报,创造巨大成果

接下来,我想强调的是,数据和情报经过合适的整理和加工,不仅会增加价值,还会创造全新的效用。特别是在计算机高度发展的今天,认识到这一点十分重要。

这里给出的例子是我十多年前的经历,这个例子告诉我们,只要对计算机程序进行一个小改动,就能产生不错的效果。

当地一家燃气企业在多次上门推销燃气设备的活动中取得了杰出的成绩并入选了领头企业,因此我决定到现场亲自查看,并祝贺该企业的出色表现。

该企业是一家为几千户家庭供应丙烷气的大型企业,他们当时狠下心引进了电子计算机。起初,企业将每月的天然气消耗量输入电子计算机,让其自动打成发票,以节省行政工作量,但仅是这样无法抵消掉电子计算机的投入资金,反而增加了工作成本。这时,社长想到让电子计算机物尽其用,在销售燃气用具上发挥作用。

当时,工作人员仍然每月走访客户,进行抄表和送气瓶等工作,那时他们会调查每家每户拥有的燃气设备类型和购买年份,这些数据也被写入客户账本中。由于燃气设备存在与高温接触的部分,所以燃气灶、热水器和炉子的使用寿命大多都是固定的。在上门销售时,工作人员会按地区从登记簿中拟定拥有已达到使用寿命的产品的客户名单,并向销售

人员提供相关产品的目录,以便上门销售。对于客户来说,在他们觉得该换新的时候,销售人员恰好出现在合适的时间点,这就让企业有了超过 50% 的高成交率。这个精彩的案例仅仅是将数据进行整理和加工,就产生了全新的情报,并收获了巨大的成果。

▪ **敏感 + 冷静、经验 + 智慧,从没有价值的情报中读出情报价值**

接下来,让我来讲一下情报的"表情"。

这是个不太友好的例子,因为我要讲的是一个战场上的故事。

由于不清楚敌军的动向,军队派出了一名侦察员,过了不久,他声称遇到了强大的敌军侦察员,所以侦查无果逃了回来。虽然没有任何关于敌情的报告,但他说:"敌军侦察兵停下步伐并发送了讯息。"中队长从这句不经意的话中判断出后方有一支敌军的主力部队正在向我方移动,于是中队长立即进行部署,对敌军进行伏击。最终他们的队伍困住了不久后出现的敌军,并取得了巨大的成功。如果是普通的中队长的话,可能会以训斥这个胆小的侦察兵而告终,但这位中队长从一个看似毫无价值的情报中读出了潜在的情报,通过自己的敏感度、战场上的经验和知识,冷静地做出了判断,并获得了巨大的成功。如果没有这一冷静的判断,肯定会出现相反的结果。

这样一来,情报可能不仅包含事实,隐藏在其中的东西会默默地显现出来，就像是人类的表情一样。而情报接收者的敏感度、经验、知识和冷静的心态，让他读懂了这些"表情"。

▪ 情报整理是技术活：看清情报内在的丰富表情

熟练地整理情报能够更清晰地引出情报内在的表情，情报负责人应该努力做到这一点，这是一项必要的技能。

例如，如果将原始数据整理成时间序列图、帕累托图或雷达图，经过一些计算和处理将其制成管理图，那么其背后的大量情报将会在无声之间被转换成表情丰富的情报。

第 7 条规则和第 8 条规则是能在人与人组成的团体组织中发现的可悲的习性。所有高层管理人员都说，"越坏的情报就要越快去报告"，但是他们中的许多人却并未身体力行。

▪ 情报不要积压，送情报要快

情报不足是一个问题，相反，情报太多也往往会导致活用情报的速度减慢。通常情况下，只有在对手超过你之后，你才会意识到你以前曾听到过这些情报。所以情报需要好好整理，并在一定的系统下进行管理。

▪ 把情报送给懂情报、用情报的人

当情报被提供给那些实际使用情报且采取行动的人，并被他们理解时，情报的真正价值就体现出来了。

▪ 透明经营：与全体员工共享情报，强大团队

第二次世界大战欧洲战线的陆军司令官蒙哥马利元帅（曾担任欧洲战线地面部队总司令、英国陆军总参谋长等）说：

> 作战计划是军方的最高机密。如果泄露给敌人，我们将受到最严重的打击。但我想将作战计划传达给更多的下属，最好是传达给所有士兵。毕竟，了解这次行动的重要性将进一步增强他们对祖国的使命感，并使他们能够在战争期间失去联系时采取适当的自愿行动。这一优势远远超过了战俘可能泄露机密信息的危险。
>
> （摘自英国经营者协会演讲）

这才是个军人！

此外，有必要通过与同为经营者的所有员工共享情报来建立强大的团结体。因为我们想实现透明经营。

让我举几个共享情报的例子。

本田技研工业正试图通过废除董事的个人办公室并将其改造成大办公室，来促进相互交流，我认为这对经营有很大的积极影响。总的来说，很多身居大企业董事职位的人，视野往往有些狭隘，比如会计董事往往只从会计的角度看经营，对技术和销售一无所知，而技术董事对技术以外的事物兴趣寥寥，知之甚少。如果让这些人只待在个人办公室里，那么他们接触非专业情报的机会将减少，这会阻碍他们扩宽视野。如果在大办公室里一起共事，则能够在日常对话中自然地进行情报交换，且能培养作为企业董事该有的广阔视

野。我认为大办公室是交换和共享情报的好地方。

据 1987 年 12 月的《日经产业新闻》报道，在《魔神英雄传》这部动画中极受欢迎的玩具大厂 TAKARA 企业的产品开发部拥有 100 名工作人员。他们中的大多数人总是在市场上收集情报，但每个人收集的情报都会贴在开发部的公告板上进行共享。情报内容涵盖广泛，如自己企业和其他企业产品的成功之处及失败原因、儿童中流行的事物、新材料等。TAKARA 企业的开发部通过这个公告板获得了 100 人收集来的信息，而拥有这 100 人的 TAKARA 企业可谓一个大型藏宝企业了。

松下电器是一家培育了传统的以商品为基础的业务部门制度的企业，产品种类繁多，各业务部门始终如一地进行研究、开发和生产。虽然优势非常大，但业务部门之间的交流并不总是密切的，这并非缺点，而可能是一个不可避免的结果。为了弥补这一点，松下电器在总部的产品检验处设有失败记录室。此处将各业务部门过去发生的各种不良品产生的原因及对策与实际的产品一并进行了展示。无论产品类型如何，产品不合格都是很常见的事情。各业务部门的负责人可以通过参观这个不良产品博物馆，共享整个企业内大量、有效的情报和知识。该设施在提高企业质量及防范不合格产品于未然上起到了不可估量的作用。

▪ 平等交换规律：情报收集量与情报释放量成正比

最后，应该记住的是，获得的情报量受平等交换原则所制约。很早之前，同学聚会上有人对别人所在企业刨根问底,对自己的企业却闭口不谈,这种类型的人反而很难收集到情报。情报的收集量与情报的释放量是成正比的。

提高情报管理的成熟度

很久以前,我拜访了我们的商业伙伴杰西·潘尼(JC Penny)。在那之前,我每年都会去参加商品策划会议,没想到董事长因为想见一见我,就把我邀请到了董事长办公室,原本10分钟的谈话变成1小时的畅聊,我很荣幸地受到了董事长亲手将其所用的情报投影到屏幕上并亲自进行讲解的待遇。

那天投影的是截至前一天的情况,包括美国数百家店铺主要产品的销售、库存、利润、财务数据等计划的对比,以及4家竞争对手的情况和股价走势等内容。董事长看起来真的很高兴,而我也真的很惊讶,因为这让我接受了以这种方式进行情报管理的实地教育。

▪ 情报管理要标准化

关于人、物、钱的管理,已经存在各种理论和方法,其管理系统也差不多完善了,但是目前为止介绍的作为经营的第4要素的情报,还处于发展之中,所以我不认为目前对其有既定的理论。

然而,在当今世界,对情报的使用正在渐渐控制经营的命门。对此,对任何企业来说,准备一个管理系统非常重要。良好的情报管理是能够实现"把必要的信息,在必要的时候,以正确的方式,提供给必要的人"这一局面的。

为此,要对日常生活中收集到的情报进行分类和登记,并针对每一条情报进行如下的标准化分析:

- 情报来自哪里?内容如何?
- 情报是以多大程度的准确性和多快的速度收集的?
- 情报是以什么样的形式进行组织和加工的?
- 情报是谁于什么时候提供的?

企业始终根据设定的规则进行维护和操作这一点也非常重要,为此,必须创建情报一览表和流程图。

▪ 不断完善情报系统,确保情报的新鲜度、敏感性和高质量

世界瞬息万变,形势发生了翻天覆地的变化。最初有效的情报和其来源在不知不觉中已经过时,而且它们也可能被转化为有害的信息和来源,企业必须定期对其进行检查和维修,并根据需要进行更新。

信息时代,以情报为核心推进主业经营

现在,情报产业领域正在显著壮大。从以情报本身为商

品的企业，到增值通信网络、软件企业等传递、整理、加工情报的企业以及销售技术的企业，再到计算机、OA 设备等硬件领域，都与情报产业息息相关。

作为经营多元化的一部分，许多企业正在向这一成长型领域扩张。这是信息时代的一种生活方式，但并非所有企业都以此为目标。所有企业都必须奉为目标的是企业的情报化。

企业的情报化不仅是重视和活用情报，而且是更进一步，将主营业务（目前正在做的工作）转变成以情报为核心进行推进和发展。也就是在我们常说的企业的构成要素是人、物、钱这一基础上，加入"情报"这第 4 个要素，并将情报置于中轴之上。

▪ 活用情报增加主业附加值

为了帮助您理解这一点，我来举个例子。

大和房屋集团的配送店铺事业总部

据 1989 年的《企业四季报》所描述，大和房屋集团的年销售额为 5600 亿日元，收入连续 5 年创历史新高，其装配式住宅被大阪证券交易所指定，大和房屋集团不仅主攻建筑业，也涉猎度假酒店、DIY 工具、金融等行业，业务范围广泛，是一家优良企业。

大和房屋集团在全国拥有 140 多个营业网点，基于这些网点收集的土地所有者和租户的情报数据库，大大扩展了门店建设，而接下来我要讲述的，是企业配送店铺事业总部优秀建设业务情报化的故事。

在当前的配送行业中,企业未来将受到前景良好的地段上的新店铺和配送中心、仓库、办公室的发展的影响。这些新店铺和配送中心、仓库、办公室,为企业在未来可期的领域提供支持。为了做到这一点,需要确保在一个合适的地方开店,如果可以租用建筑物,那就更好了。有关此类租户企业的情报就是租户情报。

另外,寻找可靠租户的土地所有者急速增加,他们试图将土地活用起来获得稳定收入。因为若放任土地不管,那么就只是在徒增固定资产税、城市规划税等负担罢了。

这样一来,租户企业和土地所有者就可以各取所需,但要找到符合条件的合作伙伴却并没有那么容易,且双方都无法抓住商机。

因此,大和房屋集团的该部门从输入大量收集到的土地所有者和租户数据的数据库中提取可能满足条件的组合。双方期望的条件是多种多样的,比如业务内容、区位条件、土地面积、地段租金等租赁条件,以及企业的信誉等,而借助计算机来提取合适的组合并不难。土地所有者提供迄今为止积累的土地使用的知识、土地经营的估算、财务规划、法律和税务等咨询情报;租户开店企业提供来自基于市场调查的土地情报、租赁条件的谈判、由专家提供的开店方案建议、建设计划等情报;该部门作为中介跟进工作,直至达成双方都满意的条件为止。如果达成协议,则下单开始建设,至此,部门的主要业务正式开始。这正是一家以情报为轴心实现辉煌发展的建筑企业。

据一名员工所言：我很高兴在那之后一切顺利，土地所有者和租户企业都很高兴。而从客户那里获得的知识和经验将反馈给下一次的工作。这就是平等交换原则。（摘自大和房屋集团配送店铺事业总部的宣传册《LOC 系统》）

另外，邮局和处理全国快递服务的承运人通过利用本地的房地产信息，并将目录销售功能添加至其运输和交付功能，成功地扩展了业务。可以说，这是利用情报来提高主业附加值的一个很好的例子。

情报将是使企业走向成功的唯一因素

争夺胜利，既有进攻方面的，也有防守方面的。在所谓的高增长时代，所有的企业都可以在当前路线的延伸上看到灿烂的未来形象，所以虽然简单的攻击策略也能成功，但现在已经渐渐变得罕见。我认为，攻击很难以简单的方式取得成功，我们要为攻击注入新的智慧和活力。为此，我们需要：

- 对现有业务进行创新。
- 为现有业务增加新价值。
- 开发新业务。

然而，情报将是使其走向成功的唯一因素。这是未来的经营者——尤其是高层经营者面临的最大挑战。

CHAPTER 6
第 6 章

现场经营的领导力修炼

我对领导力进行了以下定义:

领导力是指在自身指挥下设定共同的目标,为了达成这个目标,团结团队,让大家坚定信念、将努力转化为成果的能力。

我想特别强调"将努力转化为成果"这一点,虽然很多对于领导力的定义经常遗漏这个部分,但我认为这是领导力的目的。

领导力的多样性和特点

在大一些的书店,关于领导力的书非常多,可以摆满一整个书架,每本书各有特点,强调的内容天差地别,说明领导力不能一概而论,其表现形式会根据不同因素而变化。

根据我的经验,决定领导力性质的因素大致可分为以下三点:

- 职业。
- 领导者和追随者之间的相对关系。
- 领导者的地位。

在讨论企业的领导力之前,先明确这三个要素与领导力之间的关系。

不同职业的领导力差异

在不同的职业中,因为背景完全不同,领导力的应有状态和表现形式存在很大的差异,让我们在几种不同职业和团队中一起来感受一下。

▪ 军人:以绝对服从命令为前提

军人是为了保家卫国而参加战争的职业,其特点是以战场上的领导力为前提,做下属的人有义务服从命令。在这里,领导力建立在绝对服从上级命令这一规则上,如果没有这个前提,军队就无法存在,所以法律也提供了保障:如果有人在战场上违抗命令，会受到军事法庭的审判，甚至可能被处死，领导者和追随者都深知这一点。

- **工会：多数表决原则**

工会领导者是由工会成员投票选出来的，由多数表决原则决定，可以让成员做某些既定的事情，并被授予全权，这里的领导力就是在这样的条件范围内建立的。只要遵守这些条件，领导者就可以在任期内不用考虑成员的年龄、背景或职务，对所有成员行使领导权，成员也会承诺毫无异议地服从领导者。相反，如果领导者让成员做超出范围的事情，领导者的地位就会被剥夺，领导力也会随之消失。

- **教师：以师生关系为前提**

教师是领导者，负责传授未知知识，学生则是追随者，领导力以师生关系为前提。

- **企业：没有任何强制条件**

企业经营场所内的人，没有共同的志向、思想、信仰、人生观和生活条件，以此为前提，也没有任何强制条件。不仅如此，他们对自己所属企业的希望、评价、热爱程度等也各不相同，企业领导者要在这种环境下发挥领导力。

我不仅接触过不同职业的领导者，还做过大学教师、工会主席、企业事业部总经理和公司总裁，我认为在领导者和追随者之间的关系中，企业场景中的领导力是最难的。

因人而变：领导力的真正主角是追随者

领导力是在领导者和追随者之间建立的，他们之间的相对关系多样，在不同的关系下，追随者对领导者的认知和态度会有很明显的变化。

领导力体现在领导者如何对待追随者，领导者须根据追随者的情况采取对应的管理方式，如果处理不当，受挫败的一定是领导者而不是追随者。换句话说，领导力的真正主角是追随者，追随者会因两个基本因素而产生巨大的变化：时代和领导者的立场。领导者必须清楚地认识到这一点。

▪ 时代变化让领导力变化要更加迅速

人们的思考方式会因时代不同而发生巨大的变化。即使是武士，在日本战国时代、江户时代和明治维新时代，都会有很大的区别，决定战国时代武士行动的最大因素是领导者给他们多少土地。因此，对领导者的首要要求是在战争和谋略方面的实力，以及给他们的部下土地和地位的能力。如果缺乏这种能力，即使他们有其他的能力，作为追随者的武士都会迅速离开或试图取而代之。这在当时是常识，并不违背道德。

然而，在和平的江户时代，封建领主的领地是固定的，他们不再有能力向追随者发放福利，江户时代的武士就像是有永远固定的工资、没有加薪和奖金的工薪族。为了确保对这些追随者的领导权,就随之产生了一种约束,即"君乃臣之元首,臣乃君之股肱"这种对主人的忠诚心,也就是武士道精神。武士道精神和锁国政策确保幕府将军和封建领主们在300年内保持领导地位,但是到江户时代结束时,时代变化打破了这种领导力的基础。今天,时代变化让领导力变化更加迅速,现在年轻人的想法和几年前的新员工也有很大不同,领导者应该注意到这一点。

- **充分认识自己的立场,思考自己的领导力**

成为领导者的过程不同,追随者对领导者的认识也大不相同。通过选举产生的领导者和凭借实力晋升的领导者,部下看待上级的眼光也会有所不同。在企业中,家族企业的创业者和职业经理人自然会有所不同,同为领导者,用实力打造当今企业的创业者和接班的第二代、第三代总经理在追随者眼中也会有很大的差异。领导者有必要充分认识自己的立场,思考自己的领导力。

领导力因位而变、随势而转

领导力更困难的地方是,领导者的地位不同,对其要求也大不相同。军队的例子最容易理解,小队长会经常打头阵,要能够管控部下、随机应变地进行指挥,但是如果司令官做了小队长,则会变得很糟糕。领导者必须行使与职务相称的领导权,因为不同的地位有不同的职责。"做给他看,说给他听,让他尝试,表扬他,让他主动",这是著名的领导力名言之一,但这是对基层干部而言的,对高级军官就不合适了,与拥有将军军衔的总司令更没有丝毫关系。

在企业中,生产经理要对安全和质量负责,相应地,首要职责是培训部下并保持按标准生产;总经理要对很多员工及其家庭的生活和幸福负责,主要任务是确保企业的持续繁荣;介于经理和总经理之间的领导者,根据地位有不同的职责,必须发展与职责相对应的领导力。有时,我们看到一些人在担任经理时明明是很好的领导者,但是在被任命为生产副总之后则变得一事无成,产生这一悲剧的原因,是他们没有理解新地位所需的领导力。

根据地位转变得最成功的领导者的例子是织田信长。在作为尾张(一个小的封建领土)的首领时,织田信长拥有不到 3000 名追随者,却能够面对今川义元 3 万人的军队入侵,带领家臣单枪匹马穿过敌军,勇于发动突袭。然而,在升任封建领主后,他再也没有打过突袭战,而是始终以兵力和枪支火力的优势作战,不做任何冒险的尝试。当达到权力顶端时,织田信长把战斗的领导权授予了部下丰臣秀吉和柴田胜家,把自己的领导权转移到经济和军事事务上。织田信长建立了安土、草津和加纳等商业流通城市,构筑了战场道德和基于军事指挥官津贴制度的军事系统,还对军队进行了结构改革,将炮兵部队中的骑兵改为步兵,从而成为称霸天下的领导者。

领导者从三个维度决定对自己的领导力要求

在根据自己的地位来改造自己这一点上,织田信长可能是日本历史上最杰出的领导者。即使是一个创业型企业的出色领导者,如果不根据公司规模和行业地位变化而转变领导力,领导者也会陷入困境。这样一来,领导力就是要设定职业(所属团体)、时代(和追随者的关系)、地位这三个坐标(见图6-1),思考并决定什么样的领导力才是适合自己的。

当然,学习杰出领导者的案例和观点对我们会有很大的帮助。最终,如图6-1所示,人们必须确定三个基本坐标,根据自己的个性、人格和见识来确定自己目前的领导力,通过实践来获得更高的领导力。实现这一目标的唯一途径是勤奋努力,这也是领导力区别于其他能力的特点。在此基础上,我们讨论企业经营中领导力的应有状态。

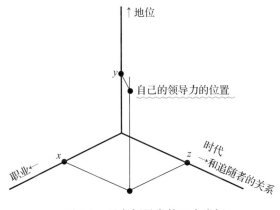

图6-1 思考领导力的三个坐标

企业领导力：将努力转化为成果

我对领导力进行了以下定义：领导力是指在自身指挥下设定共同的目标，为了达成这个目标，团结团队，让大家坚定信念、将努力转化为成果的能力。

我想特别强调"将努力转化为成果"这一点，虽然很多对于领导力的定义经常遗漏这个部分，但我认为这是领导力的目的。企业的追随者不是志同道合的人，也不是有共同思想或信仰的人，领导者也没有为每一个实现的目标设置奖励，在这些条件下，听从领导者指示的人得到的唯一回报将是他们的行动成果。如果不能保证这一点，领导者将会把追随者精力的投入都白白丢弃，这是巨大的罪过。这也是我要特别强调"将努力转化为成果"的原因。

企业领导力：发挥人才整体能力的四个要点

人们常说"经营依靠人才"，这里的"人才"以前主要指高管，现在，企业经营并不是只被领导者的能力所左右，而是要考虑包括全体员工在内的"人才的质量"。当然，在不同企业之间，普通员工的素质水平有很大差距，也不可能存在只由优秀人才组成的企业。为什么呢？这是因为在企业中,比起个人发挥力量,以领导者和追随者的组合发挥整体能力的情形更多。

整体能力的发挥程度由以下四点决定:

- 领导者和追随者的团结程度。
- 领导者拥有的权限。
- 领导者的热情和责任感。
- 领导者和员工的融洽程度和努力程度。

这四点可能也确实因企业不同而差异巨大。

接下来我们探讨在企业管理中领导力的应有状态。

连接领导者和追随者的六大要素

为了在一个本质上没有联系的企业中把领导者和追随者连接起来,推动追随者按照领导者的要求工作,在领导者和追随者之间必须有联结彼此心灵和大脑的东西,这是领导力成立的基本要素。明白这一点之后,领导者需要思考是什么让自己的领导力成为可能,什么应该成为领导力的主体。

通过心理学的分析研究可能会发现更多,我认为这些要素可以大致归纳为以下六类:利益、权力、道德、感动、信赖感和共鸣,让我们分别探究一下。

利益：用利益诱惑员工不属于领导力范畴

自由社会的特征之一是为谋取利益而行动，员工可以自由地跳槽去工资更高的企业，企业可以用更高的工资去挖人。

遵从那些给自己带来利益的人，是人类最自然的行为准则之一。在企业中，利润是介于领导者和追随者之间的要素。如果上级不认可员工，就会影响对其加薪和奖金的评价，员工盲目违抗命令可能会被降职，所以我们被迫执行某些事情。领导者也可能会利用升职来操纵部下。让特定部下对特殊利益有所期待等，不属于领导力范畴，我们不多做讨论。

权力：由权力形成的领导力会扭曲领导者人格

强者掌权，支配弱者，这是一种社会现象，这种现象在群居动物身上可以看到原始形态。

权力不一定是邪恶的，但是当权力被同一个人长期掌握时，往往会在掌权者自己都不知情的情况下使他的思想发生扭曲，傲慢和自满就是表现形式。根据这种趋势，其他有一定权力的人会聚集在这个人周围，这往往导致人们误读真相，缺乏公正的判断。

行使权力还伴随着一种难以形容的精神愉悦感，这种愉悦感会被那些人格浅薄的人滥用，导致其人格进一步扭曲，这是人类可悲的弱点，也显示出由权力形成的领导力的局限性。

道德：光有德行不足以在困难情况下长期履行领导者职责

大多数人的本性是善良的，这方面的一个证据是人们对有德行的人怀有敬畏之心。有时候人们不屈服于权力和暴力，不被利益所蒙蔽，遵循道德，人心的高尚就表现出来了。

即使不考虑这样极端的情况，人们也会对温暖的关怀和来自他人的善意心存感激，而缺乏温暖和善意的冷酷领导者，其领导力自然大打折扣。

道德是人类必要的品质，也是领导者须具备的要素，但是道德不能在经营领域中发挥领导作用。在一个处于激烈竞争环境中的企业，单单作为一个有德行的人并不足以在困难的情况下长期履行领导者的职责。

然而，作为人，令人钦佩还是很重要的，尤其是对于那些拥有巨大权力的人，例如地位与权力分不开的企业创始人兼总经理，这也是缓和冷酷无情的权力的一个重要因素。

感动：感动不是领导力的一个持久要素

感动是一种只存在于人类之中的情感。人是唯一拥有灵魂的动物。人有一个特点：有时会被撼动灵魂的情绪所感动。人在感动的时候，甚至会不考虑欲求得失，采取不同寻常的行动。

虽然感动有时可以发挥巨大的力量，但是不会持续很长时间——感动不是领导力的一个持久要素。

信赖感：来自员工的情感评价

在经济快速增长时期，当条件和环境有利时，许多领导者一般都能轻松履行其职责，在这种时候，追随者会服从领导者的权威和权力，领导者只要性格平和、对部下和蔼可亲，就会被评为一个受欢迎的上级。这并不奇怪，因为追随者也很珍惜自己的生活，喜欢和平与安稳。

然而，经营很少会处于长期稳定的状态，总有一天会面临困难的目标、激烈的竞争和环境变化的挑战，有时甚至会出现存亡危机，当这种情况发生时，领导者必须对部下提出苛刻的要求。

在这种情况下，部下不会也不可能被老板的职务权威、平静的个性或者暂时的感动情绪所打动。作为一名经营者，我曾多次陷入经营困境，那时候我能感到自己的员工正屏息凝视着我，在这样的境况下，激励部下并让他们有信心团结起来面对困难的前提条件是什么呢？是对领导者的信赖感！只有这样，追随者才能听从领导者的意见，并遵循他们的指示。

那么，什么是信赖感？简而言之，就是让追随者觉得"只要和这个人在一起就没问题"或者"只要跟着这个人就不会有错"。

是什么创造了这种信赖感？它不像前文所提到的几项那样简单。今天的追随者有很高的教育水平，对生活和社会、对企业和自己的工作有不同的看法，他们也有不同的生活环境和经济条件。要想在危机中被一群这样的人信任并成为领导者，需要具备的不是一两个要素，而是多种要素，包括：

- 决断力。
- 勇气。
- 执行力。
- 指导力。
- 知识。
- 理解力和判断力。
- 调整力和说服力。
- 开朗。
- 乐观。

然而，获得部下信任的困难在于：领导者并不是仅仅具备上述要素就已经足够，还需要满足建立信赖感的条件，而这个条件存在于追随者心中。为了建立信赖感，领导者也需要满足这一点。

与欧美不同，一般来说，在日本企业中很多人认为工作场所是他们长期生活的地方，因此他们心里总是对自己的老板抱有个人感情，例如老板是否公平对待部下，是否有个人利益或野心，是不是一个以自我为中心的人，是否对自己有好感，如何评价自己，等等，多数日本人会根据这些观察来进行具有个人感情色彩的评价（在国外有过经营经验的人会很清楚）。反过来，一些领导者可能也会对他们的部下产生这样的疑问。

如果追随者对领导者的情感评价是差的，即使领导者原来的能力是优秀的，他们也不会对领导者产生信赖感，相反，这会成为不信赖的来源（见图 6-2）。

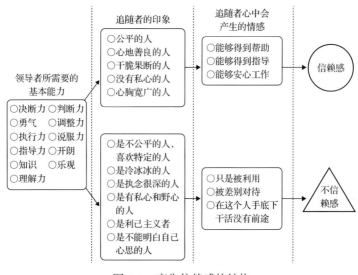

图 6-2 产生信赖感的结构

除了固有的能力，这也是领导者所必需的另一个人性层面的条件。

共鸣：激发出共同的使命感和责任感

上面说到的五个要素是领导者用自己所拥有的东西来吸引追随者，这里所说的共鸣是追随者心中的情感，可以激发出使命感和责任感，如果共鸣是由领导者产生的，员工被激发出的使命感和责任感与领导者的意图一致，就会形成最高层面的领导力。在这种情况下，最高条件是追随者愿意主动行动。这种意愿将产生只有了解业务领域的人才能产生的独创性,创造更大的成功。如果领导者和追随者有相同的使命感,用"团结"这个词描述就更具象化。

如何创造这种共鸣呢?要在一瞬间产生共鸣并不容易,这种关系是通过领导者和追随者日常的良好沟通以及心与心的交流产生的,自然而然地产生于相互理解和人际关系之中。

领导者应努力做到的十点

要想在充满挑战的经营环境中成为一名成功的领导者,就必须不断努力学习,磨砺自己的个性,保持更高的水平。以下十条是我从众多领导者身上学到的东西,以及我自己在领导岗位上的反思得出来的结论:

- 确立怀有自我信念的经营哲学。
- 喜欢工作并享受工作,包括其中的痛苦。
- 拥有被他人喜欢和尊重的品格。
- 心中有对人的爱并表达出来:予人以极致深情。
- 严格对待工作:予工作以无限严谨。
- 变得开朗和富有幽默感。
- 对未来怀有梦想。
- 培养广泛的常识和远见。

- 使命意识与努力成长：现在就给下一个职务充电。
- 保持健康：做好自己的健康管理。

确立怀有自我信念的经营哲学

一般来说，企业领导者比部下拥有更多的经验，比部下有更坚定的信念，对工作有更深刻的见解。信念和洞察力的强弱程度是决定领导者价值的条件之一，企业最高级的领导者应将自己的信念和洞察力作为企业的经营理念；履行总监和经理职责的领导者也必须有明确的信念和洞察力；如果更进一步，意识到部门或者科室是一个经营体，可以将这些信念发展为经营哲学和理念。

一个人如果全身心地投入工作，一定会意识到"不应该做这样的事情"，或者是"应该遵循这样的思维方式"，当这些固定下来的信念形成一种理论，就会成为不可动摇的哲学经营理念。领导者要通过自己的地位进一步将哲学和理念磨砺到更高的水平，将自己培养成与自己地位相符的领导者。只有通过这种自我钻研的过程，领导者才能理解前人留下的经营理念，也只有这样，才能创造出新的经营理念。

喜欢工作并享受工作，包括其中的痛苦

以下是当我被任命为松下电器的业务经理时，时任松下电器董事长的松下幸之助与我的对话。

松下：听说你刚刚被任命为业务经理，业务经理就是经营者，你喜欢经营工作吗？

我：我感觉自己身上的责任很重，我会充满热情地去做这份工作。

松下：热情是理所当然的事，即使是新员工也很有热情，一个经营者不喜欢经营是不行的啊。

我：……

松下：即使你努力工作，在经营上也会出错，有的时候公司会陷入亏损，这种情况发生时经营者总会夜不能寐，有时尿液中还会有血，甚至会不堪重负而病倒。难得你一路走到了业务经理的位置，如果你病倒了，那就很惨了。你会得到更高的津贴，你会觉得病倒了也无所谓，最不幸的是你的部下。如果亏损继续下去，经营者生病了，企业就会倒闭。假如发生这种情况，员工会怎么样？他们中的一些人最终可能会流落街头。当企业真正陷入困境的时候，责任感和热情不足以维持企业的发展。

如果你真的热爱经营的工作，即使在这种情况下，你也会重新燃起斗志并享受这个过程，因为你知道，以某种方式扭转局面是你热爱的工作的一部分。即使是痛苦的，在你享受痛苦的同时也会学到很多东西。如果不享受痛苦，那么要使一个公司扭亏为盈是不容易的。如果你不喜欢经营，请诚实地告诉我。我可以想办法让你做别的事情。

我：我会慢慢喜欢上经营的……（我满头冷汗地回答，以为自己已经摆脱了困境。）

松下：好吧，如果你喜欢它，那就好，好好干，但是水平太差可是不行的哦。

这对当时的我可以说是当头一棒,也确实从那一刻起,我的前景一下变得光明起来。从那时起,我遇到了几次经营上的危机和困难,得到他人许多的同情和安慰,自己却始终保持着乐观的心态,成功地渡过了这些危机。正是因为这些话在我心中根深蒂固,我才有了后来的成长。

有时候担任经营职务的人通过打高尔夫或者打麻将来忘记工作的痛苦,我认为这是错误的。如果工作中存在痛苦,应该通过从工作中寻找乐趣来解决。在这个意义上,我认为经营者需要通过娱乐来拓宽他们的人文视野。

拥有被他人喜欢和尊重的品格

在我年轻的时候,领导者一般都是充满活力的类型,很多领导者都只认为"你什么都不要想,跟着我就对了"。现在情况不同了,领导者必须有一定的教养和品格,否则会被追随者鄙视,这也是因为追随者已经发生了变化,人们的整体水平得到了提高。

心中有对人的爱并表达出来:予人以极致深情

这也是我在松下电器的经历。

1975年年初,位于某地区同一地点的五个业务部门和一个研究所被合并,作为一个附属企业分离出来。由于某种原因,这个企业几年来经营业绩一直不佳,每个部门都出现亏损,平均下来亏损数额不小。当时的工作气氛不是很好,因为有人怀疑不赚钱的部门会被独立成公司,工作条件会恶化。

当时，时任总公司顾问的松下幸之助给我（当时我是五个部门负责人之一）打电话说："祝贺你现在成立了一家独立的公司，祝贺所有部门负责人成为高管。我想鼓励一下大家，本来是想在晚上找个地方坐下来谈谈，但是我快80岁了，我想还是算了吧，我们一起吃个午饭。你是常务董事吧，把所有人都带出来。"

因此，六名新任命的干部都在酒店房间里与松下先生一起享用了法国美食。松下先生心情非常好，两杯啤酒下肚后脸变得通红，鼓励我们这些并不那么热情的人。最终，主菜牛排上桌了，我们很快就吃完了自己的那份，当我们看向旁边松下先生的盘子时，发现还剩下一半，就在那时，松下先生对我说："小川，你把做牛排的厨师叫过来吧，记得不要叫经理，我要找厨师。"

我心想，这一定是要投诉厨师："松下先生在对待顾客时也很苛刻。明明气氛很愉快，还是不要去抱怨比较好吧。"

然而，松下先生执意让我叫厨师过来，所以我还是服从了命令。厨师也许认为会有投诉，走到松下先生和我之间，问我是否有什么不妥。然而这时，松下先生说："你费尽心思为我做这块牛排，我却要留下一半，不是说它不好，它很好吃，但是我已经80岁了，吃不下了，希望你不要因此感到难过。"

他的声音很平静，我清楚地听到了他的话，不禁被松下先生对为他工作的人深深的关怀和爱所感动，内心一暖，热泪盈眶。

我是在职业生涯的中期加入松下电器的,当时35岁,我不知道松下电器过去是什么样子,但是我知道它最初是一家小公司,只有三名员工(松下先生、他的妻子和小舅子),在不到60年的时间里,松下电器变得像日立和东芝一样强大,我相信有一些非常艰难的时期和相当大的挑战,我也听到过这样的故事。然而在这一刻,我明白了所有员工在松下先生的领导下团结一致、忍受困难而不失欢颜,将公司建设成今天这个样子的原因。

爱和关怀有许多种形式,取决于人的性格和个性,并以不同的方式被表达出来,不能说它们应该是什么。然而我认为,一个人要成为领袖,不可缺少的基本资质是:心中有对人的爱。在企业里,领导必须爱他的部下;在军队里,军官必须爱他的士兵;教师必须爱他的学生;市长必须爱他的市民;总统必须爱他的人民。如果不存在爱和关怀,无论表面上怎么好,内部终将崩溃。

严格对待工作:予工作以无限严谨

自从子公司成立时松下先生请我吃午饭以来,已经过去五年,很惭愧,业绩上没有什么起色,之后就出现了石油危机。产油国联合起来,将原油价格提高了十倍,在石油文明基础上繁荣起来的西方经济受到重大打击。有传言说,日本可能无法再进口石油或天然气了。

就在这时,担任总公司顾问的松下先生要来参观工厂,不是因为我们经营不善而来工厂,而是他正好有事去工厂附近，想和所有人聊一聊。虽然我认为这个时间点不太好，却没有办法拒绝。

松下先生首先参观了工厂，满意地说："哇，松下电器做了这么大的锅炉啊！"但是接下来的事情却非常糟糕，当时的公司负责人刚刚病倒，我刚刚成为董事和临时代表。以下是我想要忘记却永远忘不了的对话。

松下：工厂和产品都很好。经营情况如何？

我：由于石油危机，销售量下降，情况并不理想。

松下：你说的"情况并不理想"是什么意思？

我：有些亏损。

松下：亏损有多少？

我：90亿日元。

松下：什么？如果销量下降到零，只在人员开支方面出现亏损，那也是没办法的事。可是卖出1000多亿日元后，还有90亿日元的亏损是怎么回事？松下电器过去有这样的公司吗？出现这种经营结果是在你之下的高管们的责任，导致这种情况出现的总公司也应该负责。发生这种情况是因为总公司借给你们200亿日元，所以首先总部将承担责任，明天我会告诉他们撤回这200亿日元。我现在要回去了，小川你要好好重建公司。

（没人敢说一句话，我拼命追了上去。）

我：顾问，请不要这样做，五天后就要发工资了，到了月底又必须支付材料和零件费用，如果您现在撤回这200亿日元,我们没钱支付员工的工资,请不要这样做。

松下:也对,这样连员工的工资都付不起了,还要给食堂付钱。

(本来我以为松下先生会将运营资金提升到200亿日元帮我们渡过难关,然而他接着说下去。)

松下:对不起,我无法这么借钱给你们做生意,明天就撤回这200亿日元。

我:那样解决不了问题。我们会破产。我也会辞职。

松下:你说什么?这里不是有4000名好员工吗?我经常和大家商量,收集大家的智慧,制订现实可行的重建计划,不过我真的很有信心,即使我没有自信,银行看了计划之后也会觉得"原来如此,这样的话没问题"。就算贷了款,我也肯定会归还的。如果制订好了计划,我会替你给住友银行写封介绍信,你拿着它过去,把这里的70 000坪土地、建筑物和设备作为抵押,区区200亿日元,他们肯定会借给你的,然后你拿着那笔钱重新开始吧。

那时,经营长期不景气,内部储备少,季节性产品多,所以出现了需要向总公司借200亿日元运营资金的窘境。遵循事业部制的规定,我们支付了和银行同等额度的利息。事实上,我们曾抱怨总公司是一家榨取在亏损中苟延残喘的子公司利息的冷漠的公司。5年前看到松下先生为剩下的牛排向厨师道歉的时候,我为他佛祖般高尚的行为热泪盈眶,而这一次,他却成了堪比魔鬼的严厉之人。

没有那么多时间感慨，我召集了所有有职务的员工。

"虽然公司挂着松下电器的牌子，但已经不是松下电器的子公司了。如果不能重建，公司就会倒闭，所有人都将失业。假如走到这一步，有职务的各位先帮部下找工作，再考虑一下自己的后路吧。"

"如果对每个科室进行清算，多多少少能出点利润的话，公司一定会恢复的。收集各科室全体员工的智慧吧。"

"要求各业务销售部门思考 3 年后能提高 50% 销售额的产品，研究所则集中精力以该产品为主题行动起来。"

"挤出 10% 的过剩人员和设备，将 1% 的销售额投资于他们所做的新工作。"

"让我们从隐藏亏损中获得 2% 的利润。"

"如果能做到这一点，我们就能成为一家优秀的公司。"

"做这件事的智慧应该存在于工作现场。"

我收集到了很多很普通的想法。

这些想法都很普通，做起来却很难，但是所有人都很好地给出了超出我预期的智慧。那一年虽然亏损严重，在我退休 5 年后，公司还是达到了一个不至于再为自己是松下电器的子公司而感到尴尬的经营状态。这次的东山再起不是凭借我一人之力，而是现场员工的智慧积累和汇集的结果。回顾那段经历，我觉得打破了为经营不善寻找其他原因、不找自身原因的思维方式，激发我们奋起向前的不过是松下先生对工作和业务的那份严谨。

对经营者来说,从初任领导者开始就应该努力修炼"予人以极致深情,予工作以无限严谨",这非常重要。如果将二者颠倒,对人严厉而对事宽松,将酿成大祸。这一点需要牢记。

变得开朗和富有幽默感

身居上位的领导者一定得是开朗的,至少在追随者眼中性格阴暗的人不适合成为领导者。

开朗是什么意思呢?不是说总是乐观向上或者吵吵嚷嚷。领导者经常面临难题和困境,即使他们努力表现得开朗,也很难做到十全十美。开朗指的不是人的容貌,而是时刻认可部下长处并给予希望的态度。

与开朗有关的另一个重要因素是幽默感,指的是将不明朗的事态通过明朗的方式表达出来,幽默感是身居高位者更需要具备的要素。

很久以前,在东京召开的国际青年经营者年会上,松下幸之助结束纪念讲座之后,某位外国人问道:"松下先生说得很棒,松下电器的所有员工都将这些想法落到实践中了吗?"

松下幸之助莞尔一笑,回答道:"在日本有句谚语叫作'灯下黑',我们的员工是最知之甚少的,所以我选择和大家交谈,让周围的人一起照亮灯台底下。"㊀

㊀ 作者概括的大意。

此言一出,全场爆笑,来势汹汹的提问者似乎接纳了这个说法,自觉离场。松下幸之助是天生的幽默大师。

对未来怀有梦想

我在经营之树的树顶写着"梦想",因为梦想是所有光明的源泉。要成为一个开朗的领导者,首先必须怀有梦想,包括人生的梦想、企业的梦想、职场的梦想等。怀有的梦想越多,人就越有魅力。

培养广泛的常识和远见

有时,我们会听到身居高位者若无其事地说出"我不懂技术,因为我是做会计的"或者"我不懂销售,因为我是技术员"等类似的话。这样是不好的,相当于宣布自己作为经营中的领导者是不合格的。也不是说一定要具备专业知识,但是一旦地位上升到某个高度,领导者就必须掌握相应的知识,至少掌握自己公司所在行业的产品和技术的知识,从财务角度看待公司业绩的方法等,还要具备根据这些知识进行判断的能力。

1960年前后,我与一家名为 Sun Beam 的美国骨干电器厂家的副总经理会谈,那位副总经理之前在银行工作,现在仅仅是他担任副总经理的第三年,可是他不仅以材料和工时为基本单位解释了电熨斗和烤面包机的成本结构,还亲自拆解他带来的产品并展示其特色;在制造工厂的时候他对比了我们两家企业的传送带速度,查看质检数据并阐述自己的想法,甚至亲自对销售系统和维修配件的库存等进行说明;第二天早上他一边告诉我"昨天讲的内容是这样的",一边将昨天的内容与晚上自己在招待会结束后在酒店打造的模型做比较,这着实让我感到惊讶。

经营领域的领导者需要从年轻时起就对自己专业以外的事物感兴趣,努力培养常识,这么一来就能随着地位的提高,自然而然地获得判断大局的能力。地位提升之后临时抱佛脚是没用的,尤其是在计算机和信息软件日新月异的情况下。虽然不需要计算机的专业知识,但是知道计算机的作用、能在什么地方活用,这已经成为担任上级领导者的必要条件。

使命意识与努力成长:现在就给下一个职务充电

领导者会因为地位的变化在职务上出现大的转变,这类转变也会随着环境的变化出现。领导者如果在意识上落后,将因为能力不匹配成为一名失职的领导者。

意识上落后是不行的,我们必须预先思考。处于经理位置的人,如果想象自己是总监会如何判断和行动,将能够从自己的上级也就是总监的行动中收获下一阶段需要具备的能力。等被分配到新的职务后再学习就太晚了,现在就是给下一个职务充电的最好时机,培养常识和远见同样重要。

保持健康:做好自己的健康管理

健康的重要性不言而喻,领导者的重要资质之一是能够做好自己的健康管理。据说在美国有啤酒肚的人不能当高管,天生身体虚弱的松下幸之助也是因为自始至终都在努力进行自我健康管理,才能取得如此大的成就。

上述十点并非人类与生俱来的能力,而是只有通过努力、钻研才能后天习得的能力。换句话说,领导力不是与生俱来的,大部分是努力精进所获得的能力。经常有人评价别人是"天生就该居于人上的人"或"天生不适合差遣人的人",我认为这是一种可笑的误解。

发挥领导力的六大步骤

在 1960 年的经营方针发表会上,当时的总裁松下幸之助宣布"五年后将实行一周五天工作制"。

一周五天工作制在当时的日本是难以想象的事情,虽然坐满会场的 7000 名员工听到这个出乎意料的消息时出现了一瞬间的躁动,但更多的是迷茫,一时半会儿没人鼓掌。我也以系长的身份出席了会议,由于有两次公司面临破产的痛苦经历,听到这一发言的时候不免产生"这样做的话公司会倒闭吧"这样先入为主的想法,所以我并没有为此感到欣喜。

紧接着,总裁对之前的发言进行了补充:

日本的人口应该不会再持续增加了,松下电器要想进一步发展,就必须进军国外市场,而且必须瞄准欧美发达国家。可是,这些国家的许多制造企业已经采用一周五天工作制。

如果我们每周工作六天,日本将成为一个以恶劣的工作条件作为武器、不公平竞争的国家,会碰到麻烦。为了出口,我们必须在和对方相同的条件下工作,除此之外,品质、性能必须要好,价格也必须要低。

从另一个层面来看,每周休息两天是必要的:工作到周六,然后周日陪孩子玩或者打高尔夫球,接下来的一天还要上班,这样既没时间休息,也没时间学习,这样看来,将周六定为休息日是必要的。

这么一想,我们必须采用一周五天工作制,这个制度必须实施。当然,如果现在立刻实施,公司就会倒闭,我希望五年之内,大家拿出智慧一起思考如何在五天之内完成现在需要六天完成的工作。㊀

松下先生的发言时间只有20分钟。

当时的日本是一个贸易逆差很严重的国家,即使以1美元兑360日元的汇率也很难出口,更不用说贸易摩擦了。日本当时接受着美国的援助,处于寻求在出口上自立的状态。

从那之后事情就变得困难了,生产部的组长们召集员工商讨应该从哪里开始改善,才能在五天内生产六天的产量;

㊀ 这里提到的"五年后将实行一周五天工作制",在《松下幸之助发言集23》(PHP综合研究所研究总部出版)中也有所提及,但是与本书在表达方式上略有不同。

营业部门商讨如何在五天之内获取六天的销售额，从参观零售店的方法开始重新思考；财务部门商讨如何在五天内完成目前需要六天进行的结算……整个公司的所有员工都参与到提高生产力、合理化活动的思考当中。

结果，五年后松下电器实施了每周双休制，经营绩效进一步提高，我认为正是从这个时候开始，松下电器的经营得到了加强。（两年后，日本的家电行业几乎都实施一周五天工作制。）

短短的 20 分钟，松下先生将 7000 名员工的心凝聚在一起，带领他们分析；仅仅五年的时间，松下先生便领导 5 万名追随者实现了愿景，我认为这一过程可以分为以下六大步骤：

- 确立了松下电器未来的繁荣仅限于进入全球市场这一基本战略构想，这是从当前状况洞察全局后做出的判断。
- 实施这一战略的基本条件是"每周双休"的基本方针，确立了必须将这一方针作为员工们的理想条件来实现的信念。
- 作为领导者，解释了制定该方针的环境及其必要性，以获得追随者对这一战略、政策、信念的同意和配合，并全面通报情况。
- 为了实现这一点，需要改善经营，将经营能力提高到可以承受该方针的程度，因此明确了"五年内"这一具体目标。如果追随者同意该目标，领导者和追随者将拥有相同的目标，相当于为该目标创造了强大的团体。

- 实现这一目标的具体计划交由分担每项任务的人，这是一种收集群众智慧的经营方式。
- 执行——既然计划是执行者自己制订的，执行者就会有强烈的愿望去实现它，甚至会因此产生新的奇思妙想。

进一步总结这六大步骤，可以得出表 6-1。

表 6-1　发挥领导力的六大步骤

1）明确问题，制定构想（战略）
2）确立实现构想的基本方针
3）将方针彻底告知追随者
4）展示具体目标并确保追随者同意（→建立团结体）
5）制订收集群众智慧的计划 ⎱ →细节部分交给追随者
6）坚定信念并坚决实施　⎰

很抱歉我夸下如此海口：我在松下电器工作 28 年，其中约 20 年的时间担任经营方面的领导者，回顾那段时间发生的事件，只要按照这个顺序进行，就会获得成功，当我省略了其中某一步骤时就会出现事件进展不顺的情况。

这个六个步骤看似简单，但这是在经营领域展示领导力的基础。

接下来，因为经常被问到执行阶段的要点，所以我稍微做一些补充。

作为一个领导者，在执行阶段，原则上应该坚定信念坚

决推进方针的实施,但是也应该牢记以下事项,不怠慢是成功的条件:

- 即使有些许不安也要大胆向前。
- 灵活应对重大情况的变化。
- 根据追随者的实际情况进行指导。

经营环境千变万化,一些已经计划好的事情可能与实际情况不符,与此同时,如果随意更改计划则容易因小失大,失去追随者的信任。为了应对这一情况,我提出了"即使有些许不安也要大胆向前"和"灵活应对重大情况的变化"这两个相互矛盾的条件,但是取哪一个条件还得依靠领导者的判断。如果变化出现在构想阶段,就需要下定决心并灵活地改变计划,但是排除万难、大胆推进目标可能在大多数情况下更为重要。

当然,也不能一概而论,前者往往是对上层领导者的要求,后者是对现场领导者的要求。

对待追随者,需要根据对象对症下药。对有些人而言,不拘泥于细节,只提示目标并让其自由发挥会更有效;而对另一些人而言,如果不给出详细说明并不断检查就容易失败。采取什么样的教学方法,取决于教学对象,领导者的资质之一就是能够辨别对方是一个什么样的人。

最后,还有两个要素对发挥领导力有着重要影响:教育和交流。我将在下面对它们进行讨论,这里只讨论从设定目标到完成的相关内容。

领导力和教育、交流：
向同伴学习并教育同伴

教育意味着让追随者了解公司的方针和领导者的意图，并获得他们的共鸣。

当一个团队完成一个困难的目标时，成功在很大程度上取决于该团队的领导者和追随者之间的信赖感，这种信赖感以二者的日常交流为先决条件。此外，领导者的日常教育将事先确保追随者的共鸣。换句话说，领导力的成败有相当一部分在行动之前就已经决定了。如图 6-3 所示，日常的教育和交流的好坏，决定了领导力起点的高低，以及从出发点到终点的行进角度，我们可以在这个范畴内思考领导力的上下限。

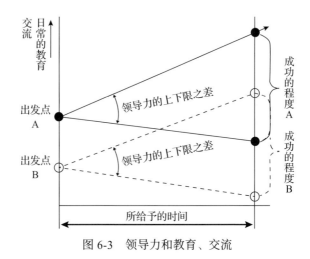

图 6-3　领导力和教育、交流

根据我的经验,领导力中教育的重要性与领导者的地位成正比。在还是主管或经理的时候,我经常一马当先,强行带领着部下向前,但上升到了业务经理这个位置之后,即使自己想行动也不能轻举妄动,即使做了也经常会失败。通过教育将自己的意图告诉部下,并默许部下中的领导者朝自己希望的方向前进,这种领导方式是可取的。我认为总经理应该将 90% 的领导力放在日常教育中。

▪ 向同伴学习并教育同伴

当整个公司打算采用新的制度或管理方法时,总经理本人应该热情洋溢地解释其目的和背景,直到部下耳朵长茧,只有这么做,才会慢慢产生一种"必须要这样做"的氛围,如果只是打个招呼便交由工作人员和负责人进行,那么无法推动项目。

从本质上讲,群众是保守的,开始认可并实施新事物的时候,各种障碍就会随之而来,这种情况一旦发生,项目就会停滞,这个时候唯一有效的方法就是同伴之间的教育。对于在现场工作的人来说,没有什么比看到同伴的成功更令人兴奋、更受鼓舞的了,他们会产生"如果他能做到,那么我应该也能做到,我也来试试看,我会做得更好"这种想法。思来想去,我介绍的质量改善活动、部门经营(划小经营单元)、消除隐藏亏损费用、消除浪费、上门推销等,都是通过实践者的成果发表会而大获成功的。

领导者必修的十个要点

为了发挥领导力,领导者需要具备以下要点。

相信部下,相信人性本善

获取部下信任的前提是相信部下,这是理所应当的。如果不相信部下,很容易就会被部下发现,这样一来,自然无法获得部下的信任。

在相信部下之前,先要由衷地相信人性本善。

我曾经有过这样的经历。公司在美国当地设立了小型分厂,员工数超过 100 名。A 先生是从日本业务部门借调的一名年轻负责人,其他所有高管都是美国人。

建厂第 2 年,产品销售不佳,库存增加,生产被迫减半,随着整个行业陷入衰退,美国各公司进行人员重组,当然,分厂也决定进行人员重组。原本作为一个没有工会的当地小公司,人员重组应该很容易进行,因为这在美国是很常见的事情。但是高管们好像还是不想裁员,我作为经营责任者,收到了希望我去美国的紧急请求。

按照那边的规定,应该让年龄小而且是新入职的人员离开,但是在工厂内走动的时候,我发现看向我的是一双双略带仇恨的眼睛。不知怎的,我觉得很难发出裁员通知,于是和 A 先生商量,把大家召集到食堂,说明了经营状况,我告诉大家:"希望 30% 的人辞职,或者所有人一起减薪,周休4天,一起渡过这一难关。请大家今天晚上和家人商量之后明天再给我答复。"听起来也许不太舒服,但是我做出了这样的处理,美国高管们似乎对此很不满。

出人意料的是所有人都同意减薪。一位美国高管一脸惊讶地说:"这太不可思议了。"我和A先生则是感动多于惊讶。那天我们再次将大家聚在一起,对员工们说:"大家和家人牺牲自己的生活来帮助同伴,这份心意令我深受感动。公司会竭尽全力提高销量,尽快恢复大家的工资水平。为了感谢大家的决定,我希望和大家握个手。"一位美国高管建议最高级别的老板不要与工人握手,我对他说,"没事,因为我明天就回去了",并和所有人握了手。这是一场感人的"握手会",有的人双手握着我的手,深深鞠躬以示敬意,有的人朝着我笑容满面,特别开心。

从这个时候开始,我对于"人性本善是跨越国界和种族的"这一点深信不疑。

衷心祝愿部下成功

领导者在经营中的基本任务是让部下获得成功,我们必须由衷希望部下成功并为部下的成功欢欣鼓舞,缺少这份心意的人基本上不适合成为领导者。

陈述事实,透明经营

在第二次世界大战中拯救英国于危机之中的蒙哥马利元帅在陆军大学做过这样的演讲:

领导者必须对部下陈述事实,如果弄虚作假,部下很快就会发现,继而减少对他的信任……为了让部下能够有效地执行任务,我决定把他们应该知道的事情全部如实告知。我传递的内容都是事实,我的部下也都明白这一点,这么一来我和部下之间便产生了信赖感。

(《蒙哥马利元帅回忆录》高桥光夫、船坂弘译,75页,读卖新闻社)

此外,据蒙哥马利元帅回忆:

将这一点作为信念贯彻到底,是反败为胜、收获巨大成功的主要因素。㊀

蒙哥马利元帅的主张绝不仅仅适用于军人,这是所有领导者都必须具备的基本特征。透明经营,领导者向部下提供和分享他们所知道的尽可能多的信息,是在经营场合中建立信赖关系的基础。

亲临现场,发现真相

为了正确地履行使命,领导者必须认清事实,因此,他们有必要亲临现场。

不基于事实的指挥和教导无法指挥知道事实的人,事实存在于现场。

现场指的是实际完成工作的地方,如果是销售,指的是零

㊀ 摘自《蒙哥马利元帅回忆录》第6章,作者概括。

售店的店面；如果是生产，指的是正在进行加工组装的场所。

领导者通常有随着职务上升而远离现场的倾向。职务越高，会议和出差越多，其他杂务也会增加，到现场的时间就会相应减少。除此之外，自己的意识也会成为亲临现场的阻碍：上级领导者也曾在现场工作，有丰富的现场工作经验，所以这个阻碍来自"我比部下更了解现场"这一意识，让自己觉得去现场没有必要。

这是一个快速变化的时代，现场的情况日新月异。顾客、销售人员、零售商的想法大不相同，生产现场实现了自动化，出现了由计算机控制的机器人，因而工人们的素质也发生着巨大变化，现场的状况和问题点也与过去全然不同。如果离开现场两三年，即使再次回到现场，也很难立刻把握实际情况和问题点。在这种情况下，领导者有可能难以理解部下的报告以及话语的重点，甚至会产生误解。这就是被任命为营销部部长的资深人士推出的销售政策一直不受零售商欢迎的原因，本来经验丰富的员工担当高管后所提的政策总让人觉得不适合也是如此。

越是身居高位的领导者，越需要时常访问现场，不是说要去现场做指挥，而是要保持理解部下所说的话以及理解零售商心情的能力。

上级领导者需要做的另一件事是回到他们过去从未经历过的现场，尤其是带着初心回到现场去体验。例如，技术出身的业务经理和总经理没有销售现场的经验，而营销出身的人没有生产或技术现场的直接经验，这些人尤其需要经常访问他们从未体验过的现场。不这么做的人会把没有经历过的部门问题留给部下,对问题不予置评(或者说无从发言),这很容易演变成"总经理缺位"的状态。无论总经理是哪个部门出身,都肩负着针对经营所有领域的问题制定方针、推进项目、取得成果这一责任。关于这一点,我还是想提一下我自己的故事。

毕业 20 多年,我仅凭设计部的工作经验就被任命为业务经理,这个部门负责的产品属于新领域,销售是最大的难题,营销负责人深陷苦恼之中,作为业务经理,我理所应当集中精力扩大销量。知之甚少的我读了一本关于销售的书,试图寻找方法,但是我发现书的内容无趣又无用,于是我决定每周以感冒或者肚子痛为理由休息一天(每个月 4 天)去访问零售店,这样持续了 5 年。我在销售现场一共待了 200 多天,其中有一半以上时间在神田、秋叶原那边学习。慢慢地,有一家日渐熟悉的店面会通过电话给我传递信息,我成为全公司最熟知销售的业务经理之一,我想这不是因为我擅长卖东西,而是我渐渐开始理解了零售商和促销员的心思。

还有一个例子。在担任总经理以后,工厂安全事故只增不减,因此,我让部下在事故发生的第一时间通知总经理办公室,无论当时是在会客还是开会,我都立即赶往现场,有时候我还是最先到达现场的人,因此我慢慢了解了在预防事故方面谁的发言更为准确,我应该做些什么以备不时之需,如此一来,我便在预防方面发挥了主导作用。

"领导者应该毫不犹豫地赶往现场,因为那里有真相。"

怀有诚实的心，读懂真相

去现场很重要，那里虽然有真相，但是如果无法读懂它就毫无意义。要想读懂真相，必须拥有一颗诚实的心。

松下幸之助的成功，是因为他拥有常人看来难以想象的诚实的心，所以他读懂了真相并避免犯错。

站在部下的立场思考，真正理解对方

或许部下会被迫扼杀自己的意志，听从领导者指挥，但是领导者始终要站在部下的位置思考，这一点很重要。不仅如此，只有能站在零售店的立场、分包商的立场去思考，才能真正理解营业和分包的领导者等人物的视角和想法。理解对方立场的前提是拥有一颗诚实的心。

找出部下的优点，给犯错的部下以新动力

无论是谁，肯定都会有优点。"找出部下的优点并表扬、鼓励"是松下幸之助的原话。

有时候领导者不得不追究部下的失败并进行严厉的斥责，对方即使假装平静，也可能会不知所措或意志消沉，拯救部下并再次给予他们动力的方法，就是让他们知道"你有可取之处"。

让部下成功：成功是成功之母

不仅要希望部下成功，而且必须真正地帮助他们成功。我并不认为"失败是成功之母"。性格懦弱的人在工作时会

想"这很难"或"要是失败就麻烦了",最重要的是,如果失败的话,他们可能会因为"我做不到"而感到沮丧,有时甚至会觉得"领导明知我不行还强加给我",在心里反抗。这通常很难让他们反思自己以获得下一次成功。

对待这类人最好的办法就是先让他们成功,通过几次成功,让部下在感受快乐的同时获得自信,从而成长为不会因失败受挫的人。我认为"成功是成功之母",而非"失败是成功之母"。因此,可以在最初给部下几个成功率高的工作,或者领导者给予支持并使其获得成功。

为部下长面子:让员工有面子,激发新活力

有时我会收到这样的咨询:"有一个以前在公司做了很多贡献的高管,不善于用人,所以年轻人不愿意跟随他。抛开职务,他毫无面子可言,虽然这不是对待有功之人的最佳方式,但是这样下去的话,部下们会很头疼。这种情况应该怎么办?"

这个情况很常见。在我担任总经理的时候,几名被逐出公司的事业部高管仍被视为总经理,我以"经验丰富、发量略微稀少、威信十足之人才能完成的工作"为名,将他们任命为代理公司的常驻代表。虽然这是一个没有部下的职位,但他是公司的代表,会时不时地出席董事会,报告代理公司的实际情况并献计献策,可以说是一份有头有脸的工作。虽然常驻一年遇到很多麻烦,但当我一年之后想提拔他时,常驻的代理公司向我提出了"能不能让他再待一年"的请求,

这成了他本人最棒的脸面。于是,他变得意气风发、活泼开朗,并主动提出"我不回去工作了,我想继续这份工作,直到退休,我想去其他业绩较差的代理公司常驻"。我对此略感吃惊,但也十分高兴。

即使是与时代有些不同步的年长者,在其他方面也会有一些潜在能力,有人告诉我,如果将这些能力引导出来,让那些人面上有光,就会让他们产生新的活力。

虚心向部下请教并感谢部下

领导的目的是发挥追随者的能力,使他们获得成功,因此,活动的主角是追随者,领导者通过研究追随者来获得领导力,换句话说,追随者才是老师。如果没有向部下学习和请教的意愿,将无法收获领导力。作为管理者或者经营者,我有各种各样的经历,多少学了一些东西,而这些都是从部下那里学到的。回首往事,我在由衷感谢部下的同时,会想着如果我的心胸更宽广,可能会学到更多的东西。

对跨部门员工的领导力:
成为可亲、可靠的伙伴

到目前为止,我所说的内容都以领导者与直属部下之间的关系为前提,但是在经营中,很多时候都必须向自己部下之外的人和部门展示领导力。人事部门和财务部门,以及工厂的质量管理部门和技术部门的人会经常遇到这种情况。他们被称为专员,原则上他们的任务是协助生产线班长,他们自己没有推动生产线的权力,他们的意见都通过班长来落实。但实际上,财务、人事或质量管理部门的负责人应该根据高层的指示以及高层赋予的权限和职责,指导其他部门或对其他部门进行管理并下达指示,我认为接下来这种趋势会越发明显。

关于组织中的领导力,除了到目前为止我所说的内容,还有必要特别留意以下五点:

- 通过日常交流,宣传并加深对自己的任务、立场和工作内容的理解。
- 了解对方的立场和感受,并谨言慎行。
- 通过说服,贯彻领导力。
- 努力被对方视为亲切的交流对象或者可以给予其帮助的人。
- 一定要前往对方的现场,在现场的氛围中讨论。

请记住,专员所处的位置很容易被其他部门认为是官僚主义或者依仗高层权力,所以必须让其他部门认为自己是可亲近的、可靠的交流对象。

风气是前任领导者的遗产，以明朗的心情建设新风气

每个公司都有所谓的公司风气，良好的风气对领导者会有很好的帮助，而不利的风气则相反，领导者要为打破不良印象而煞费苦心。

公司风气是长年累月形成并确立的，很难被轻易改变，如果追根溯源，就会发现：公司风气，是前任领导者的行动和领导力的遗产，本质上就是这样。与其哀叹当前的风气，领导者不如通过自己现在的行动为了将来的风气做建设，以明朗的心情应对。

CHAPTER 7
第 7 章

事业计划：
"三位一体"的业务增长规划

如果年度计划、中期规划和长期规划不是在同一条延长线上，战略将失去基础，战术将失去方向，只有年度计划、中期规划和长期规划"三位一体"，才有存在的价值。

巨型喷气式飞机和酱菜店：
为了十年后的可持续发展

我自幼喜欢飞机，大学读的是航空专业，毕业后在飞机公司工作，基于过往经历，我想谈谈喷气式飞机。

- **长期视角：思考十年后，思考下一代产品**

1960 年年初，世界航空界针对"下一代喷气式客机应该是什么样的"这个话题，展开了激烈讨论，当时的主流观点分为两派。

一派是超高速飞行论。飞机从诞生起就在不断提升速度，在这样的背景下，超高速飞行论成为主流观点，我本人也是这派观点的支持者。超高速飞行论者认为，利用往复式发动机和螺旋桨，从飞机时速 400 公里的大型运输机转变为喷气式飞机用了十年时间，时速达到 700～800 公里，下一个发展目标是 2 马赫（时速约 2500 公里）。鉴于当时的战斗机已经达到这么快的时速，因此，业界期待十年后下一代大型运输机只用 3 个多小时，就能从巴黎飞到纽约。

另一派是大量运输论。这一派的观点是速度保持现状，但是载客量要达到 500 人，当时大型客机载客 200 人左右。

就是这样，一派主张飞行速度翻倍，另一派主张乘客人数翻倍，两派观点形成鲜明对比。高速派被作为英法政府联合投资的半国企，进行技术研发，大量派则被美国波音公司赌上公司的未来命运着手开发。

在接下来的十年，高速派在航空力学领域，大量派在结构领域，各自都取得了划时代的技术成果，并于1969年同时完成技术开发。

英法阵营的设计与协和式飞机、超音速飞机相匹配，外形像划开天空的箭，着陆时，机头弯曲的独特设计令人惊叹，也被称作"怪鸟"。协和式飞机的飞行速度能达到2.02倍的音速，飞机可承载120名乘客，重量达120吨，完美地符合设计性能。

波音公司则设计出了可容纳500名乘客、重量达350吨、像飞艇一样的巨型飞机，时速900公里，被称为"丑陋的家鸭"。我当时断定：胜负显而易见，最后一定会是协和式飞机胜出。

在接下来的20年，巨型飞机只制造了80多架，还有近2000架没有接到订单。协和式飞机包括试制机和图-144客机在内，生产量不到20架，目前飞行中的只有14架。这个级别的大型运输机有250架，这是巨大的差距。

▪ 中小企业也要预测未来

如今波音公司已经成长为世界顶级企业，英法联合投资的企业则因为巨大亏损对各自国家造成财政打击，面临着解散危机。有一次在一个论坛上，我以这个故事为例，强调了企业预测未来的重要性。当时有人反对说："我们明白长期主义的重要性，那是对飞机或汽车产业的企业而言，或者大规模企业才有这个必要,因为大企业才有能够长期预测的人才,像我们这些还在担心每天销售额的中小企业,实在没办法做到预测未来。"

讲这句话的人是一位食品公司的年轻总经理,他的公司是一家老字号海鲜酱菜店,在一个小城市经营了70年,员工规模130人,这是一家销售额高、利润丰厚的优秀公司。我问他:"海鲜酱菜的生意好做吗?"他回答说:"不好做,最近几年销售量在持续减少,所以我们又推出新产品,卖一些自制的火腿、香肠,目前这些新产品已经占到总销售额的60%。"

▪ **危机感拉动经营创新:在现有能力的延长线上艰苦转型**

我详细了解他们公司的具体情况,原来火腿、香肠是早在十多年前就在上一代总经理提议下推出的新产品,当时开发这些产品的背景是:日本的健康类书籍和杂志,还有报纸和电视等媒体都在频繁宣传"日本人因为盐分摄取过量,出现了很多高血压和胃癌患者,而且高盐饮食习惯是引发脑出血和心脏病的罪魁祸首",在健康意识兴起的风潮下,高盐食物被视为罪魁祸首。上一代总经理担心不久之后海鲜酱菜会被消费者所摈弃,这种危机感推动着他不断思考,并着手开发除了海鲜酱菜以外的新产品。在公司食品生产能力的延长线上,他把目光投向了未来会受年轻人欢迎的火腿和香肠。

新业务起初也不是那么容易就走上正轨的。因为成功经营了几十年的海鲜酱菜业务，所以员工对生产技术和扩大销售的思考方式都被局限在海鲜酱菜业务上。

上一代总经理不顾大家的反对，坚持引进新的设备，让员工学习火腿和香肠的制作方法，终于有像模像样的产品摆上柜台，却根本卖不出去。对于消费者来说，"那家店是海鲜酱菜店"的印象已经根深蒂固，客人只有想吃海鲜酱菜的时候才会进店购买。于是，这家公司将销售的主要目标转向超市和百货商店的食品卖场。

- **为了十年后的发展：坚持用现有业务滋养新业务**

在这个过程中，工厂很难快速改变多年来做海鲜酱菜的工作方式，打磨能做出可口的火腿和香肠的生产技术也是费尽周折。就这样，全体员工每天都非常努力地做好海鲜酱菜的生意，将海鲜酱菜销售的部分利润投入到新的业务上面，在默默坚持的很长一段时间里，大家并不知道火腿和香肠什么时候才能盈利，但是上一任总经理不顾高管和亲戚们的反对坚持了下来，于是才有了十几年后今天的局面。

听到这些，我接着问："如果没有火腿和香肠这些新产品，您的公司现在会怎样？"

第三任年轻的总经理回答："那我们公司早就破产了。"

- **制订对应未来变化的方案，踏实地推进改革**

巨型飞机和海鲜酱菜店，生意规模可谓天差地别，其中的道理却是相同的：都要从十年以后企业可持续发展的角度来开拓新业务。海鲜酱菜店当时没有任何企划书，技术、制造和销售等所有体制改革都是上一任总经理在自己的脑袋里进行了全面思考。这两个故事告诉我们，企业要想在未来的世界持续发展和成长，必须抓住三个方面：

- 制订可以对应未来变化的方案。
- 为了实现上面的目标，逐步改变目前的工作方法。
- 不仅关注当下，还要踏实地向新方向努力。

这三个方面是非常必要的，与企业规模和所在行业无关。

贯通战略－战术－战斗力

对时代变化处理不当，必定会迎来寿命终点

距今 10 多年前，我在某杂志上看到"企业寿命 30 年"这句话的时候非常震惊，也就是说，如果用恒久不变的方式经营企业，企业的寿命只有 30 年。当时还沉浸在经济高速增长末期舒适区的我，认为只要不犯大错误，就不会有这种事情，特别是对于那些大企业，更是绝对不可能发生的。

后来陆续出现的事实证明这个说法完全正确。如果把起点放在刚刚摆脱战乱的 1955 年前后，就会发现国铁、造船和钢铁等代表日本的大企业无一可以逃脱这个魔咒。直到

1965年为止，国铁一直是日本财政的支柱，但是到了1985年，国铁使日本国民人均负债数万日元，实质上已经破产。国铁自创业以来，一直维持着"铁路运输"的单一业务。但是私铁从很早就开始在车站开设百货商店，在铁路沿线建设住宅，进军娱乐业和酒店业等，推动经营多元化来确保乘车人数，这些永不懈怠的经营创新，保证了企业持续成长。

- **抗拒变革，必然缩短企业的寿命**

无论是多么出色的头脑，如果在相同的环境下工作几十年，就会在不知不觉间视野变窄，也就是所谓的僵化。整个企业也会变成抗拒变革的保守的组织。

在30年中，世界发生着巨大变化，人们的想法也随之逐步改变，所有领域的需求结构也将有所不同。面对这样的世界变化，内部僵化的企业当然无法应对。

克劳塞维茨的《战争论》与现代企业管理：战略 – 战术 – 战斗力

"战略战术""攻击防御"等词语原本是军事用语，但现在在政治、经济、日常生活和体育等领域，我们已经可以随处听到。特别是在讨论企业管理时，管理战略、战略管理、长期战略等用语经常被提及。事实上，这些术语的含义今后将会变得越来越重要。本书也会频繁提及这些术语，所以先简单介绍一下这些概念的定义和由来。

将战术、战略等概念作为一门学问（军事学）进行体系化表述的是 1832 年出版的一本叫作《战争论》的著作，这本书的作者是普鲁士的克劳塞维茨将军。更准确地说，他去世后，留下的草稿由其夫人整理出版，至今这本书仍然被视为传世经典。更让人惊叹的是，这本著作中包含了很多与企业管理相通的道理。

下面引用的部分，就是克劳塞维茨《战争论》中的精华内容。㊀读者也可以从管理的角度进行对比思考。

战略（Strategy）的语源是希腊语的'诡计'，但诡计不是战略。战略里不可能有诡计。

所谓战争，自古以来并不是只要一次战斗就能决定胜负，而是经过几场战斗，才能决定胜负。

战略就是让每次的战斗成为一个整体的军事行动，最终达到战争的目的——胜利。

战术是指有秩序地指导各个战斗，即每次战斗中所运用的手法。

战略决定了计划实施战斗的地点、时机和参与战斗的战斗力。

- **战略没有胜利，只能根据战术上的胜利衡量成果**

"战略中没有胜利。只能根据战术上的胜利来衡量其成果。""战略上的失败无法靠战术弥补。"

这是克劳塞维茨战略论的最著名的论述之一，也是企业

㊀ 作者对原文的一些内容进行了修改。

家们需要铭记的管理要点。

- **制定战略的两个要素：物质要素和精神要素**

"物质要素是木制长枪的柄，精神要素是被打磨光亮的金属枪尖。"对于精神要素，克劳塞维茨列举了理性、品德和勇敢等。"这些精神要素可以从极度困难和胜利的体验中获得。"在企业管理方面也是如此，经历过艰辛并突破困境的成功的人才可以被称为战略者。

- **战略上万事都进行得更加缓慢**

"在战略上做出重要决定，需要拥有比对战术更坚定的意志。"

在战术上，事事瞬间决定，执行者就像身处激流之中，犹豫不决就会被冲走，只有放下心中的不安，大胆地前进。在战略上，万事都进行得更加缓慢，被外部人士干扰，导致内心困惑的风险更高。另外，在战术方面，很多东西是直接可见的，但战略上的内容多半要依靠推测。因此，如果只相信这些就容易出现破绽。这样一来，自古以来很多将军都陷入了毫无根据的忧虑之中，陷入了无法决断的境地。上面的道理也可以对照企业管理的场景进行思考。

- **在现场检验战略，不间断地修正，一刻也不能脱离现实**

"战略需要在战场进行检验，细节在现场进行决定，对全盘计划进行不间断的修正。战略一刻也不能脱离现实。"战略者强调不能脱离现场。这也是企业管理者不可忘记的守则。作为最重要的胜利条件,克劳塞维茨提出了著名的"兵力集中论"。

"胜利的条件是,无论在战略上还是在战术上,都要保持比敌人更具优势的战斗力。"

首先设定常识条件,但是指挥家不一定总是拥有这些条件。他需要接受现实,理解这受到国力或政府的限制。

▪ **胜利的第一法则:集中战斗力**

"在战争的决定性时刻,将尽可能多的战斗力集中在决定性地点,至少在那个地点创造相对优势。"

这是取得胜利的第一法则,也是集中战斗力的原则。当时的欧洲群雄割据,各个国家的军队在武器、编制、战术方面没有太大差别,因此这是取得胜利的决定性条件。当然这也是一般的原则。为了集中战斗力,指挥官需要具备的素质如下:

正确判断敌情和正确推测决斗战场的能力。
越是在危急时刻,越要发挥精神力量。
辨别重要和不重要东西的智慧。
确保集中兵力的决断力。

这些也是进行战略决策的总裁们被期待拥有的素质。

▪ **战略性筹备:拥有预备兵力,应对突发情况**

"在战术性场面中,指挥官要随时在手边拥有预备兵力,应对突发情况。与之相反，在战略性场面中，要毫无保留地投入全部战斗力。"

从企业管理角度来看，前者的例子是工厂为应对机器故障，需要一些备用机器；后者的警告是不能因拥有大量闲置土地，导致资金不足，出现无法进军有潜力的新领域，被竞争对手打败，陷入困境的事情。

- **从防御到进攻才是战争的自然趋势**

"要集中精力在决战场上。也就是说，不能把战术场所和战略场所搞错。接下来，将战斗力分为不同的方面——进攻和防御，讨论其应有状态。"

攻击和防御的观念在体育世界是常识，但是在经营上却很少听到。

克劳塞维茨的如下论点对经营也会有很大的帮助，所以在这里介绍一下。

防御的目的是维持。维持比夺取（攻击）更容易。

防御是比攻击更可靠的战斗方式，但是只能达到消极的目的。

在战争中不可能有绝对的防御。因为那样的话，只有一方会发动战争。

在我方兵力薄弱的时候，防御为主，在具备积极攻击目标的情况下，必须立即放弃防御，从防御到攻击才是战争的自然趋势。

攻击以攻击为主,但同时兼用防御活动。

任何攻击,只要达到顶点,就要进行防御。

- **企业经营在攻击的同时要防御**

虽然这种想法看似是抽象的一般论,但在管理上也是一脉相承的。

在企业管理手法方面,降低成本、提高品质管理、提高生产效率、控制预算等做法是代表性的防御手法。

开拓销售网、开发新产品、进军新领域等行为属于攻击领域。另外,积极投资扩大事业是攻击性活动,改善经营体制、保证内部现金流、蓄势待发等待下一次飞跃是加强防御的管理活动。创业企业兴亡的事例不在本理论的讨论范围内。

- **贯彻到行动末端:战争目的-战争方向-战争手段(战术)-战斗力**

另外,书中对作战计划做了如下说明:

无论在什么战争中,如果不事先明确想要通过战争实现什么,并从中得到什么,就开始作战,那这次作战就不应该开始。前者是战争的目的,后者是目标。根据这个基本构想,设定战争方向,决定战争手段的范围和所需战斗力的多少,其影响波及行动的末端。

这也适用于企业的作战计划——年度经营计划。

可以从克劳塞维茨的《战争论》中学习到什么样的道理，要看读者拥有怎样的企业管理观。因为企业战略一般不被公开，只能根据结果进行评价。作为参考，这里举几个例子。

本田汽车的战略成功

第二次世界大战后，本田汽车创始人本田宗一郎从一个小工厂起步，设计、制造了安装在自行车上的小型汽油发动机，后来又推出了Cub、Dream等摩托车，击败了众多竞争对手，占据了领先位置。我认为这是该公司发展的第一阶段，如果是一般企业家到这个阶段就满足于此了，但本田宗一郎并没有就此停步，而是开启了轻四轮车的新事业。轻四轮车和摩托车的技术侧重点完全不同，所用物流供应商也完全不同，所需的资金量也有很大差别，因此可以说进入了不同的行业领域。摩托车制造商当时有超过30家企业，但进军轻型汽车行业的企业只有本田公司一家。

从单支柱事业到双支柱事业，开启第三支柱事业

在全新的轻型汽车行业，本田汽车也发挥出了特有的积极性和挑战精神，接连提出新的大胆设计，数年后占据了领先位置。本田汽车建立了摩托车和轻型汽车的两大事业支柱，在这两个领域，本田汽车都位居榜首，成为一家非常强大的企业。按照常识，企业就此止步也可以了。但是本田的经营理念不允许这种做法发生。它决定开启汽车事业领域。

与其说是进军,不如说是变革成为新的企业。

当时在日本,主要有丰田汽车和日产汽车两家公司生产汽车。当时还有几家企业生存在这两大汽车制造商的夹缝里,丰田汽车占据的市场份额的比重越来越大。在这个时间点,刚刚掌握轻型汽车生产兼营摩托车的本田也想加入竞争队列,在大众看来,这无疑是自杀行为。当时汽车在技术、生产销售等方面的差距,不是摩托车和轻四轮车可以比拟的,因此本田汽车跨入汽车行业被认为存在巨大障碍。很多人认为:即使推出了汽车,但谁会购买摩托车形象的本田汽车?在这种情况下,本田采取的战略堪称"克劳塞维茨的优等生"。

战略决策者需要大胆地发挥

首先是选定战场。汽车是世界任何地方都通用的国际产品。汽车最大的市场是美国。在美国,汽车一直是生活必需品,因此,本田决定进军美国。在理论上虽是如此,但不是一般的战略家就能决定的事情。当时在美国,外国汽车稀少,并不像现在这样日本汽车遍布美国,市场看起来像是由"三巨头"(通用、福特、克莱斯勒)主导的。选择公司未来的主战场,可以说是克劳塞维茨所说的战略决策者需要做出的大胆决策。

"通用也不是从一开始就是巨型企业,不知道哪一天本田能打败通用,俄亥俄州工厂就是本田战略的第一步。"这是在丰田、日产对进入美国市场停滞不前的情况下,本田宗一郎于 1980 年 1 月决定进军美国市场的发言。

集中战斗力，在战略迂回中壮大

在当今工业社会中，汽车产业需要大量的资金和技术力量，不能草率开启新项目，这是业界常识。当然即使是本田也无法轻易地筹集到所需的经营资源。于是本田从双支柱事业之一的轻四轮车事业中撤出，将其技术和资金全部投入到新的汽车事业中。也就是说，从目前激战中的主战场之一抽调全部兵力，投入新的、更大的主战场。这恐怕是就算克劳塞维茨在世也会惊叹不已的战略行动。（后来当本田发展到了有余力的阶段，又重新进军轻四轮车市场，并成功实施第二阶段的战略，成功收复了已放弃的市场。）

这一大胆的战略让本田成长为美国排名第四的制造企业并取得很大成功。当然这个成长与优秀的产品密不可分，本田的品质优良，采用轻四轮车体验，实现低成本设计。对于规模投资较少的工厂，本田能连续三年独占鳌头，当时市场畅销的五个车型中有三个来自本田。

大泽商会案例：战略上的失败无法靠战术弥补

大泽商会曾是国际最大的相机专业商社，也是一家拥有数十年历史的老字号。在鼎盛时期，摄影业迎来了一个转折点，当时摄像器材的橱窗多半被 8 毫米摄像机和放映机占据，大泽商会认定这是脱离流通行业、升级为专业摄像器材制造企业的绝佳机会，决定成立子公司大泽精机，并与当时

8毫米摄像机行业的王者——美国贝尔豪威尔公司进行技术合作，转型成为制造业企业。

但是在这不久之前，家用电器行业就已经推出了录像机和摄像机，技术原理与照相机完全不同，效果却和专业厂家做的8毫米摄像机完全相同。让人没有预想到的是：这些家电摄影产品的问世，直接导致后面几年专业级8毫米摄像机从市场上消失，当时相机店的橱窗里并列摆放着录像机和摄像机，这是世界性的现象。结果，不仅是大泽精机，就连巨额投资的母公司大泽商会都面临破产的危机。

短期内就推出了专业级8毫米摄像机，可见大泽精机在战术方面做了很多努力，但是不知不觉中战场已经发生转移，这充分体现了克劳塞维茨的"战略上的失败无法靠战术弥补"这个道理。

缝纫机行业衰退：
Riccar 和 Brother 的一明一暗的道路选择

第二次世界大战后很长一段时间，缝纫机一直是日本国民向往的生活用品，这个行业也是20年来机械工业中发展最活跃、最重要的一个领域。这个行业中存在着很多制造企业，随着成品服装的使用周期越来越短，缝纫机产业逐步从成熟转向衰败，很多中小制造企业被淘汰，虽然还剩下一些大型制造企业，但未来的发展却让人看不到方向。从那时起，一明一暗的两条路，不同的企业做出了不同的选择。

先见之明的战略，因拙劣的战术能力而失败

当时Riccar是日本缝纫机领域的龙头企业，市场占有率接近35%，这是一家以积累特殊信用的方式保证资金充裕的优良企业。Riccar同时还进入了新的事业领域——酒店业。通过快速收购，Riccar形成了全国规模的连锁酒店，震惊了整个日本。但是几年后，Riccar因背负当时日本最高的债务额度而破产。当时Riccar社长呵斥银行的行为，再次让世人震惊。Riccar破产的原因是购买了规模、风格、特长、经营能力迥异的酒店，未能推出连锁酒店的统一的特色服务，吸引固定客户群体，而且最大的弱点是未能掌握酒店经营经验就急于开业。涉足酒店业本身不一定是失败的，但是从之后的时代趋势来看，不能说这是有先见之明的战略。Riccar失败的原因在于酒店经营的战术能力不佳。虽然Riccar结局是破产，但不能评价进军酒店行业的战略到底是好还是坏。因为如果酒店管理经验丰富的人才担任该部门的指挥，从战术上获得好的效果，也有可能会大获成功。

选择与战术能力（竞争力）最匹配的战略

缝纫机行业排名第二的Brother公司利用其多年积累的精密加工技术，从自动售货机、打字机、放电加工机等领域，到打印机、文字处理机等信息机器领域，不断拓宽事业领域，一步步地成为优秀公司。这是充分发挥自身技术能力，并进一步扩大技术能力，提高战术能力，同时开拓业务范围内新领域的坚实战略。战略是无限的，也许还有比稳健

战略更好的战略。与 Riccar 不同，Brother 公司成为优秀公司，不是因为它选择了最佳战略，而是确实选择了与其战术能力（竞争力）最匹配的战略。

预测变化，选择适应变化的新路线和必要的改革方案

前面谈到的"巨型喷气式飞机和酱菜店"，以及"企业寿命 30 年"和"克劳塞维茨《战争论》与现代企业管理"等内容，都让我们对企业管理的战略和战术进行思考。

高速增长期的特点是从目前走过的路线的延长线上看到了企业的未来。只要努力推动经营合理化、降低成本、增加人员和设备的投资、不遗余力地改进产品，其努力必将取得成果，企业必将持续发展。

但今非昔比，企业寿命从 30 年短缩成 20 年，甚至 10 年。企业为了持续发展，即使当下经营状况良好，也必须考虑应对未来的环境变化，包括管理方式和事业内容的变更。为此，对于缩减或撤出目前的经营事业、再分配经营资源，或者更加果断地合并或收购其他企业等做法，也需要大刀阔斧地实行。预测变化，选择适应变化的新路线和必要的改革方案，这就是适应管理场景的经营战略。很多企业为了生存下去需要战略。接下来的时代也被称为战略经营时代。

- 慎重研究、郑重决定：把战略当战略来做

如果需要调整企业的成长路线，即使有特别的例外，也

不能马上进行调整。进行充分的调查，整理分析数据，预测各种情况，慎重地研究后最终决定。很少有企业只通过瞬间的直觉，马上做出决定。另外，改变管理方式或进军新领域，也不是随便说说就可以做到的。

▪ 战略转型需要几年甚至更长时间

真要开始调整成长路线时就会发现并不是那么简单，需要进行很多修改和变更，还要花费几年或者更长时间，这样的情况并不少见。因此经营战略往往被制订为3年到10年的中长期规划，但无论做多么缜密的调查或分析，预测都会出现偏差，而且在此期间还会发生一些变化。这样一来，战略计划最终会被评价为"画饼充饥"，但"战略上的失败无法靠战术弥补"是不容置疑的事实，如果因为战略不能预测成功，就不制定战略的话，那从一开始就已经失败了。如果不制定战略就行动，企业很可能不会如期成功。为了成功实施战略，一定要拥有从长谋略的能力。以上内容就是战略。

▪ 战略是中长期规划，年度经营是作战行动

一旦确定了战略，接下来就需制订实施战略的行动计划。企业依靠行动计划生存下去，要最大限度地发挥现在的力量，取得最大的经营成果。

企业经营通常以一年为周期进行自我评价，制订一年的经营计划进行会计决算。另外，为了尽可能高质量地完成年

度计划,每月都要进行经营复盘,这就是月度结算。结算通常为利润表和资产负债表的方式,这种正规方式只在年度计划和月度计划中进行。战略的中期规划和长期规划不利用利润表和资产负债表的方式。也就是说,年度计划是用于正确衡量经营成果,测算企业应对社会履行的义务,即缴纳税金的额度。年度计划中的结算书才是最终决定企业和经营者优劣的评价书。这个结算结果也会决定企业给员工的工资、奖金、分红等。

▪ 经营是短期决战:追求销售最大化、费用最小化

如果明白前面的道理,制订年度计划就要绞尽脑汁,在把经费控制在最小的前提下,实现最大的销售额,确保尽可能多的利润。另外,如果只是一年左右的跨度,那么经营环境不会发生太大变化。因此,经营不会被外界干扰,可以专心进行短期决战。也就是说,在企业的实际经营中,我们的目标是专注于当下的成果。

- 合理地安排员工,充分发挥他们的能力。
- 发挥员工的所有能力(包括潜在能力)。
- 尽可能将员工的能力与经营成果联系起来。
- 迅速应对突发事件,防止混乱。
- 在日常活动中,提高应对危机的能力。

上述所列出的各项能力,就是经营战术能力。只有高度发挥上面的战术能力,在年度计划的最后阶段收获成果,才

能证明企业的经营活动充满活力。但是我们不能否定"战略上的失败无法靠战术弥补"这个原理。

年度经营计划的定位和作用：为了实现整体经营目标

企业经营有很多方法：利润表、资产负债表等结算方式；经营分析、成本计算等与财务相关的内容；工艺管理、质量管理、工业工程、价值分析等与生产相关的内容；从市场营销和人事、培训到信息化和研发等职能管理手法等。这些非常专业的理论体系让人眼花缭乱，但是从经营全局来看，这些管理理论并不是独立地发挥作用，而是以某种形式最终融入年度经营计划并得到落实，才能对经营做出贡献。年度经营计划是将所有经营目标全面整合、落实到年度行动的计划，这就是年度经营计划的定位。

一旦确定了定位，可以确定发展规划的如下作用：

- 经营者的经营目标展示。
- 一定时期内实践经营理念的情况。
- 一定时期内员工的行动方向。
- 衡量一定时期内经营活动是否合适。

长期规划：为了生存的战略构想

长期规划的使命、性质和时间跨度

- **长期规划的使命：为了生存的战略构想**

虽然我们一直都强调企业要有为了生存的战略构想，但是长期规划并不是战略。

- **长期规划的性质：从大局上把握企业未来，编制成长预测图**

长期规划是否包含战略性要素取决于经营者的意志和能力，以及企业需要怎样的战略性转变。在企业进行战略转变时，当然要预先保证其成功。无论事先进行怎样缜密的调查分析，都要面对不确定因素。再加上需要庞大的投资，如果失败可能会遭受致命打击。这样就会给员工和社会带来很大的干扰，也会成为众矢之的。经营者的压力很大，要下决心先从大局上把握企业的未来。

企业的未来取决于未来的环境，因此洞察未来是前提。不论怎样，结论只有三种：A道路、B道路、C道路。用纵轴代表成长，横轴代表时间，编制企业成长预测图。A道路：乘胜追击。B道路：占领多个细分市场，连战连胜。C道路：及时撤退，开辟多条新业务路线。

• A 道路：行业上升期，乘胜追击，沿着现有道路前进

如图 7-1 所示，企业所属行业长期处于良好环境，此时企业如果经营能力比平均水平高一些，甚至稍微差一些，也能保持良好的业绩。高速增长期的日本就是这种情况。在这种情况下，长期规划在目前路线的延长线上就足够了。企业即使不具备战略构想，只要尽力进行投资，也必将得到回报。

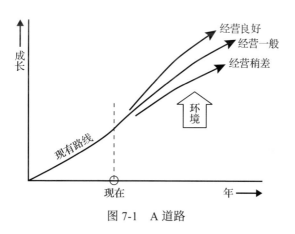

图 7-1　A 道路

• B 道路：行业成熟期，用差异化产品占领细分市场，实现增长、连战连胜

行业进入了成熟期，整体上处于低增长或停滞状态。这是置身于行业整体需求下降或行业消失等行业构造的前提下。

因为各企业无法忍受低增长和停滞不前，所以只有自己努力才能实现高于平均水平的增长。各企业在提高销售额的攻击力和强化合理的防御力这两方面展开了激烈的竞争。如果出现超强的成功者，其他企业就会被淘汰。市场份额是固定的，这是理所当然的结果。

在这种环境下想要维持好业绩，一般的努力是远远不够的。如图 7-2 所示，为了实现一次又一次的成功，企业要有沿着 X、Y、Z 包络线的路径开拓经营的自信。很多企业都处于这种状态，我们挑选一个最成功的事例——松下电熨斗事业部。电熨斗这个产品早已到达成熟期，总需求一直停滞不前。

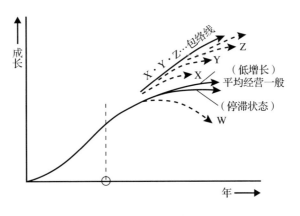

图 7-2　B 道路

电熨斗事业部经历了很长一段时间，才得以在松下电器的众多事业部中时刻保持高水平的经营业绩。家电行业整体不景气,电熨斗事业部近三年销售额增长率高达 50%;在产品品类方面,比其他事业部先行开发很多新产品,推出了蒸汽熨斗、裤子熨烫板、旅行熨斗、无线熨斗和去污熨斗等新产品,拉动了新的市场需求;在销售渠道方面,不仅开拓了国外市场,还从竞争对手那里抢订单;在制造方面,依靠自动化、机器人等方式,降低人工成本——松下电熨斗事业部就是这样,在攻防两方面不断进行高强度的改革,确保了经营成果。

选择 B 道路本身也是一种战略,实施这一战略需要在战术上连战连胜。

- **C 道路:行业衰退期,开辟多条新业务路线,弥补老业务的衰退**

如果像图 7-3 那样,预测出目前所处行业不久将走向衰退,企业也不可能像 B 道路那样发展,那就需要考虑及时开发新业务,弥补原有业务的衰退。根据原有业务的行业衰退程度,开辟多条新业务路线,谋求业务多元化发展是必要的。当衰退达到一定程度的时候,在损失发生之前就要果断撤退。这种情况下,如何将有限的经营资源进行合理的分配就是大课题。

何时在某个领域战斗(战场选定),为了生存(取得胜利),把重点放在某个领域(决斗战场,集中战斗力)等,这些都是生存战略。

如前所述,未来企业有三条道路。A 道路:乘胜追击。

B道路：占领多个细分市场，连战连胜。C道路：及时撤退，开辟多条新业务路线。在现实中，很难找到这样的企业，因为很多企业是多元化经营，要通过经营整体来把握。如果这样，企业很难完全把握隐藏的问题，面对问题时会出现应对迟缓的状态，为今后埋下很大的祸根。

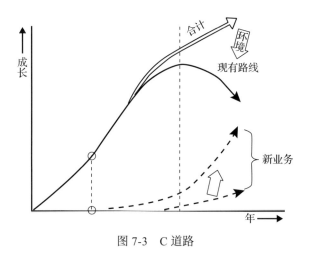

图7-3　C道路

仅从身体表面判断健康状态是不够的，为了尽快展开适当的治疗，需要先检查内脏。同样地，认真了解企业经营的内在内容，尝试对某个产品和业务进行A道路、B道路、C道路的分析，根据企业的符合程度进行分类。在此基础上，是考虑经营的整体战略、同时采用多个小战略，还是组合使用大小战略，这些都需要由经营层进行决断。

为了便于理解，本书主要假定C道路，以此为基础，对年度经营计划的各个部分进行介绍。

- **长期规划的时间跨度：5～10 年**

长期规划的时间跨度设定多长合适呢？虽然没有特别好的标准，但是如果一定要确定一个范围，那么在 C 道路下，从着手新业务开始直至成长起来弥补当前业务的跌落，让新业务成为企业的支柱，企业的整体经营顺利进行，这一整段时间是一个完整的战略调整期。所以，把长期规划设定在 5～10 年比较好。

第二个方法就是两年或三年复盘一次，每次都在目前的延长线上向前推进两三年，这样就等于长期规划。

长期规划的四大内容

长期规划是经营者的意志表达，对于员工来说是前进的地图和路标，就像要去邻近的城市准备一张详细的地图一样。长期规划则是去遥远未知的地方旅行，也可以说是去探索未开发的地方，有未知的山、谷和无人区，不要说地图，就是做个计划也有很多不确定因素。

越是这样，越要让高管们完全接受这个计划，但是现实的情况却不是这样的。计划内容多种多样，对照公司的战略内容，几乎没有共同点。对于未知的未来，也许是因为思考方式和个性不同的人参与研讨，才会出现经营计划和战略对不上的情况。

对于这些"探险"的高管，建议一定要就下面这些项目达成一致。

- **战略构想**

新开发或者新加入的事业领域和现在经营的事业基本方针,即新领域的规模和地位,以及现在各事业的扩大、维持、缩小、撤出的方针和决定这些的理由等。

- **长期规划达成时的企业状态**

除销量、利润、人员数等规模外,还有地域布局等相关情况。

- **实现构想的条件**

为了实现这一构想,在财务、资金、销售、技术、生产、组织和运营等方面需要构建怎样的经营体制。根据这些整体经营框架可以判断构想的可行性。

- **基本补给计划**

实现构想的各种条件不是自然而然产生的,人、财、物都需要从企业内部产生,不足的部分要从企业外部有条件地筹集,展示筹集流程的计划是补给计划。换句话说,长期规划和战略构想都是"画大饼"。

过去日本人轻视补给计划,如果认真对待长期规划,就会明白长期规划中最重要的点是补给计划。欧美企业在扩大业务或开拓新业务的时候,设立金融子公司的例子有很多,这就是补给计划的例证。

长期规划的根本：确保有用和有效的两个条件

虽然说年度经营计划是经营者的意志，但是在年度计划中围绕企业的各项条件都是现实，因此经营者的思考要基于实际的常识，但是要成为长期规划并不这么简单。

尤其是其中战略性的部分是从无限可能性的企业发展目标中选择其一，以什么为标准进行选择、根据什么决定意志，经营者将根据这些画出各种各样的"大饼"，将企业的未来和企业发展的主干道捆绑。如果长期规划发生错误，企业就会走向崩溃的边缘，有的长期规划从一开始就没有实现的可能，只是画饼充饥。制订长期规划的时候，很难立即判定属于哪一类型。

结论是：为了制订有用、有效的长期规划，需要具备两个条件。

- 制订规划的人具有辨别正确事物的能力。
- 制订规划的人能够拥有做出正确判断的知识和信息。

关于做出正确判断所需的知识和信息，就是图 7-4 所示项目。

很多经营策略都包含在长期规划当中，而且正在逐步具体化。首先根据图 7-4 左半部分所列举的要素，设想企业高层所期待的经营战略，对右半部分的现实因素加以思考和修正，从而形成具体的经营战略，这才是正确的战略设定顺序。

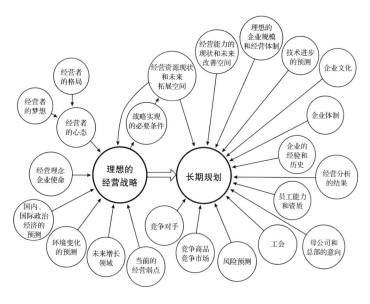

图 7-4　长期规划

这个时候右半部分的要素不是现在的状态，最好是适当地预测改善后的状态，把改善计划作为中期发展要解决的课题，提高长期规划的水平。

图 7-4 左上角列举的经营者的格局、梦想和心态，这些项目是无法约定与限制的，是领导人个性的一部分。要通过对信息的整理分析，根据信息源的正确性、信息网络的广度和分析能力的高低来判断长期规划的价值。

长期规划的工具：产品定位管理

对于长期规划，我认为行业成熟度曲线和产品定位管理是非常简单、有效的方法。

产品定位管理在市场增长率和市场占有率的二维坐标上，通过对业务、产品和服务进行分类，判断经营资源的投资分配。不过这些都不是像成本计算或者质量管理那样输入相应的数据就会得到确定的答案，而是根据活用这些数字的人的意愿测算出不同的结果。

大概是七八年前，美国的世界级企业通用电气的一位高管约我见面，这位40岁的年轻副总裁也是公司的战略负责人，当时他想从松下电器采购微波炉和空调，这恰好是我负责的业务，于是我们就见面了。

会谈一开始，我怀疑他是来侦察我们的成本的，我问他："微波炉和空调不是贵公司家电领域的主力产品吗？为什么要从我们这里买呢？"

对方似乎也察觉到我的不解，说："我们经过产品定位管理分析，认为这两种产品最好委托贵公司贴牌生产，我认为对贵公司来说也不是坏事。"于是，他拿出了与图7-5相似的一张图，说："从图中可以看出，微波炉是未来销量将大幅增长的产品，但是在这个领域，通用电气并不擅长，即使再怎么努力，也不可能取得好成绩。空调虽然是市场占有率不高的产品，但是消费者会重复购买，而这个产品我们公司也是在原地踏步。"

在展示了庞大的市场调查数据之后，他说："对于通用电气来说，如果我们工厂停产，则需要更多的费用。贵公司如果承接我们的生产订单，那么工厂产能利用率能够提高，从而降低成本,我们就可以各自销售便宜的产品,对双方来说不就是双赢吗?"

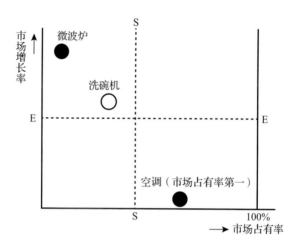

图 7-5 通用电气的产品定位管理和产品组合管理

虽然道理可以听懂,但我还是特意又问了一句:"如果是这样,贵公司两个部门的员工和工厂打算怎么安排呢?"他回答说:"投入到洗碗机领域,这个部门今后会大有发展,通用电气对产品开发和生产很有信心,已经开发出一多半的零件,将来建立自动组装工厂,一举提高市场占有率,将洗碗机培养成高盈利业务。"

这是我第一次看到产品定位管理图,坦白地说,顶尖的通用电气竟然用这么简单的方法制定战略,真是令人吃惊。可是再想想,初次见面,对于不是很了解美国情况的我,这张图的确帮助我快速理解了产品定位管理这个管理工具。

再补充一点，图的纵轴市场增长率是美国市场整体的增长率，横轴的市场占有率表示通用电气在相应业务上的市场能力。无论多么吸引人的业务，如果通用电气没有取胜的希望，就应该放弃。对于通用电气目前处于优势但未来发展空间有限的业务，即使现在表现不错，未来也会成为负担。

E-E线以上是通用电气可以接受的业务，S-S线右边是公司的实力业务，这两条线应该画到哪里，取决于公司自身的判断。

- **产品定位管理的活用方法**

首先，明确由产品定位管理的ES线形成的四大区域的名称和性质（图7-6和表7-1）。表7-1中记载的性质、作用和方针的强弱程度，越接近图7-6中的虚线，业务差别越大。

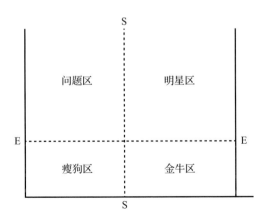

图7-6　四大区域的名称

表 7-1　各个区域的性质、作用、方针

区域	性质	应该起到的作用	应采取的方针
金牛业务 金牛产品	○ 公司是业界的强大领导者 ○ 利润率高（金牛） ○ 现阶段支撑公司的业务 ○ 很可惜，业绩停滞不再成长，不能支持公司继续发展	○ 目前阶段支撑公司大盘 ○ 这部分的收益被投入到其他业务	○ 因为未来没有成长的可能，要限制对这个领域的投资 ○ 减少浪费、优化经营，进一步提高利润
明星业务 明星产品	○ 公司是业界的强大领导者 ○ 盈利水平高 ○ 未来发展空间越来越大，预期有很可观的利润（明星）	○ 肩负公司未来的重任	○ 果断持续加大投资，积极扩大销售规模，占领市场机会 ○ 全力推动成为大明星产品
问题业务 问题产品	○ 虽然是有未来发展空间的业务，但是公司在这个领域不够强大 ○ 目前利润比较低	○ 目前没有发挥积极作用 ○ 不知道将来会成为明星还是失败者（问题业务、问题产品）	○ 要经常检讨各种情况、条件，尽快慎重决定是退出还是培养成明星
瘦狗业务 瘦狗产品	○ 公司处于弱势 ○ 前途渺茫、缺乏吸引力 ○ 亏损 ○ 无计可施	○ 没有发挥任何作用 ○ 前途渺茫	○ 尽快撤退

当然这里列举的内容是一般情况，判断和应对方式因人而异，这是不言而喻的，例如：现在在瘦狗区的业务，如果更换负责人，也可能会进入金牛区。

另外，虽然进入了金牛区，但是由于竞争过于激烈，无法获得利润，根据实际情况判断，采取的对策也应该有所改变。

通用电气摆脱长期缠身的"通用电气病"，最终的法宝是用产品定位管理制定战略：对多个业务单元进行 ES 评分，在产品定位管理坐标上画出定位图，忠实地按照表 7-1 采取相应的经营方针。结果就是：虽然没有显著提高销售额，但是在短期内蜕变为利润率超过 10% 的优良企业。成功得益于当时的总裁坚定不移的信念和永不动摇的勇气，以及惊人的执行力。把有问题的业务分成需要撤退的业务和继续壮大的业务，从瘦狗业务撤退或者卖掉它，果断地将从赚钱的金牛业务产生的经营资源和资金投入到明星业务和准明星业务，这就是战略性措施。

▪ 绘制产品定位管理图：业务（产品）位置 – 销售额 – 利润 – 三年计划

经营理念必须是容易理解的。从这个意义上说，产品定位管理是非常出色的经营手法，我曾经将产品定位管理用于诊断企业未来发展的可能性。

首先，我把八个事业部的产品全部标注在产品定位管理表上，那些被放在明星区和金牛区的产品有一些问题也是可以接受的；如果金牛区的产品现在表现不错，但是未来的发展不被看好,就要采取对策。对问题很多的事业部,就要稍微强势一些,指导它采取稳固的现实路线。

如图 7-7 所示,把各产品的销售额大小用圆圈画出来,情况就更加清楚了。

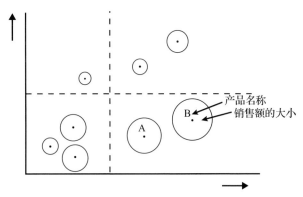

图 7-7 标出销售额的大小

如图 7-8 所示,把今后的计划也画上去,就可以在视觉上让三年战略目标的变化情况一目了然。

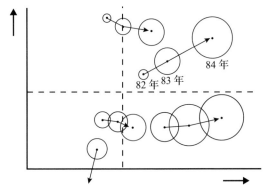

图 7-8 把今后计划也画上去

图 7-9 是加上了三年利润计划的产品定位管理表,是包含资金流动的战略规划图,可以帮助我们更好地理解各部门(产品)应该发挥的战略作用。

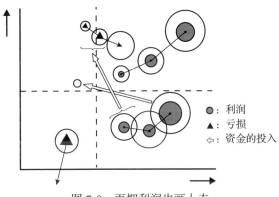

图 7-9　再把利润也画上去

另外,如果没有在图表上写出业务和产品,而是写出销售地区,就可以帮助我们研究销售战略。

▪ **使用产品定位管理的注意事项及其界限**

将各业务的产品整理成可以用相同方法判断的相同产品组。将生产完全无关的产品的事业部或子公司组合成一个单位是没有意义的。假设一个产品由三个部门分别生产,如果不将这三个部门归并为一个单位,就不能做出适当的判断。

重要的是选择可以衡量自己企业强弱的标准。对于厂家来说,市场占有率是一个好的测量标准,除此之外还有很多测量标准,用适当的权重对业务和产品强弱进行评分来决定综合强度,这也是一种方法。

经营者制定战略的目的最初是从多个现有业务（产品）群寻找对策，接着要在如何引入新业务和新产品方面下功夫。

不要机械套用表 7-1 的四个区域的性质、作用和方针。对如何处理问题业务、瘦狗业务东山再起的可能性等问题可能存在很多见解，不要把战略规划变成僵直的、机械的思考。

长期规划成功的关键

再强调一次，"战略上的失败无法靠战术弥补"，在企业经营方面也要遵循这个铁律。生活在动荡世界的经营者们，无论如何也不能在战略上犯错。怎样才能成功呢？每个人都梦寐以求但是又讲不清楚，如果用一句话来概括那些成功实施战略的著名企业家，那就是"非常慎重和周密，再加上惊人的胆识"。这三个条件对普通人来说，慎重并不难，很多人反而过于慎重失掉机会；周密也要努力才能做到；问题是胆识——凡人动不动就陷入优柔寡断的境地，或者失之鲁莽，难以做到真正的大胆，因为胆识仅靠学习、努力和修养是难以获得的。

对"看不见的未来"进行战略决断的最后决定因素就是胆识，凡人要做到这一点，就要想办法弥补这种欠缺。

战略性长期规划成功的关键是非凡人的决定，根据我的经历，应该注意下面的五点。

- 要时刻保持直率、不受拘束的心态。
- 拥有广博的胸怀。
- 通过广泛学习，培养高度健全的常识和教养。
- 学习别人的经验（前人成功、失败的根源）。
- 不要期望长期规划能与策略相媲美。

在技术方面，以下内容是有效的。

设置负责长期规划的部门，根据目的对收集、整理、分析信息的系统进行维护，这样可以在一定程度上避免长期规划在一开始就犯错。

每年根据新的信息和数据修改长期规划，至少每三年一次的中期规划结束时，根据实际业绩进行重新探讨，更新三年计划。

很多战略性失败都是长期朝着错误的方向前进造成的，醒悟时才发现已经到了无法挽回的地步。"一旦制订好规划，不管做什么都会成功"，这样的僵硬态度和思考方式是战略成功的大敌。

作为战略实战部队的事业部或子公司的高管也认为，仅靠局部战略不能保障局部成功，必须融入全公司的整体战略。这样做可以使每个人都认识到自己的使命，掌握战略眼光，进行战略性思考。在这种情况下，活用生命周期曲线和产品定位管理是有效的。

长期规划的目标是在实施阶段保持团队合作，把战略和战术联动起来。

中期规划：为了改善企业体制的战略

在企业经营以外，也经常使用"中期规划"一词，《中期防卫力量整备计划》就是其中的一个例子，一般认为 3～5 年的计划是中期规划。本书不只根据期限的年数，还根据其使命、特性进行规定和论述。

中期规划的使命、性质和时间跨度

对于未来 5 年以上的长期规划，企业在此期间很难制订出详细的计划，即使制订出来也会有很多浪费，因为 5 年后会发生相当大的变化。

▪ 中期规划是实现长期规划的第一步，一般做 3～5 年

首先要确定长期规划的前 3 年的完成度，长期规划的第一阶段。任何人都能想到，在这 3 年间，需要制订详细的规划，也就是中期规划。中期规划不是独立的计划，而是实现长期规划的第一步，是无论如何都要达到的目标。如果长期规划偏离了现行路线的延长线，就会增加中期规划的压力。

▪ 中期规划的根本是企业体制改善计划

如果长期规划是在现行路线的延长线上，为了达成目标，一定要找到目前企业所缺少的部分，或者必须大幅改善的部分，这些情况虽然取决于课题和目标值，但是在一年的计划期内能达成的很少，大部分都要在 2～3 年认真推动

才能取得成果。这样一来,中期规划的重要性就会显示出来——中期规划最重要的部分是改善企业体制,这也是重要的战略组成部分。

具体来讲,改善企业体制的计划是在年度经营计划中发挥战术能力的作战计划,它把长期规划中的战略构想与年度经营计划连起来,是年度经营计划的战术切入点,时间跨度在3年左右比较合适。

即使长期规划不包含战略性内容,而且当前处于现行路线的延长线上,考虑到环境的变化和与对手的竞争,改善经营体制是必要条件。在这种情况下,比起长期规划,更应该将改善企业体制的计划作为中期规划中最重要的计划。

我想强调的是:不论是什么样的情况,中期规划的根本是改善企业体制的计划。长期规划只要在早期发现错误就可以修正,也可以定期进行检查和修改,但是中期规划的三年很快就会过去,如果虚度光阴,就会与竞争对手产生明显的差距。因此,对于很多企业来说,未来三年的经营规划是最重要的。

中期规划的三大内容

- **销售额、利润和资金等目标**

这是后续要分解落实到年度经营计划的最基础的项目。

- **重要战略项目**

对于长期规划中的重要项目,要制订前三年实施的详细日程表,例如:什么时候着手新业务的一期厂房和二期厂房,什么时候平整地基,什么时候竣工,等等。

▪ 体制改善项目

这部分是中期规划的存在意义,我们经常使用"体制改善"这个词,如果要将它作为具体的计划提出,至少需要明确以下几项内容:

- 体制改善的主题和目标值。
- 实现这一目标的手段和时间表。
- 按照各部门的情况来分解主题和目标。
- 各部门的实践思路和时间表。

首先从主题来说,关于体制改善的目标,从经营分析着手的场合比较多。

例如,假设盈亏平衡点为当前值的95%,如果能维持目前的经营状况,那么就不需要再担心,不需要考虑战略,这时就可以开始体制改善的主题。如果将盈亏平衡点降低到80%,不进行人员调整或裁员,而是采取积极措施,那么就需要以下条件:

- 将销售额提高30%。
- 为了保持竞争力,改进产品,稳定价格。
- 把固定成本的增长控制在10%以内,固定费用比率从43%降低到38%。
- 变动费用维持现状。

- 把人员增加控制在 3% 以内,制造部门和技术部门以外的部门要减少人员增加。

按照上面的条件,将各部门任务分解如下:

- 销售部门现有人员的销售额要提高 30%。
- 生产部门增员 5% 以内,达到 30% 的增产目标。
- 技术、生产和采购各部门合作,将材料费降低 5%。
- 生产、技术和质量管理各部门合作,将不良率降低到现在的四分之一以下。
- 各部门的减员目标。
- 各部门的费用削减目标。

把数据分析做到这个阶段,就会勾勒出体制改善的方向,之后各部门为了在三年内实现所定的目标,各自进行研讨,制订具体方案。

面对财务指标的各个目标,作为经营实战的各部门要列出行动项目,制订具体的作战计划。

体制改善的主题并不是单纯从财务分析和财务指标中求得的,而是从各个方面分析得出的。

制订中期规划的根本:一边是长期规划,另一边是经营体制现状

中期规划是长期规划的前三年必须达成的,制订的依据当然是长期规划本身。但是长期规划只是大纲,要想使中期规划具体化,必须根据实际经营分析的结果,特别是高层的

要求事项和各业务现场的意向或意见等进行补充，才能有效。

制订中期规划最重要的是从经营现状出发，特别是为了确定有价值的体制改善计划，首先要了解经营体制的现状。了解经营体制最有效的方法是经营分析，一提到经营分析，就很容易让人联想到财务方面的经营分析，在第 4 章我们谈到，有必要通过全面分析所有职能的经营现状，分析经营功能的综合平衡等来把握问题点。

除了财务分析，还要把以下项目的经营分析结果用于体制改善计划。

- 技术力量。
- 产品开发能力。
- 销售网络的未来性。
- 售后服务。
- 各职能的平衡。
- 员工的志气、合作性。
- 资金利用能力。

图 7-10 是将上述内容进行总结的图。

经营的问题要尽可能地整理现实的数据，用客观性的工具进行分析和把握。

制订中期规划的"三件套"

制订中期规划或者体制改善计划没有特别的方法，下面介绍一下我经常使用的简单方法。

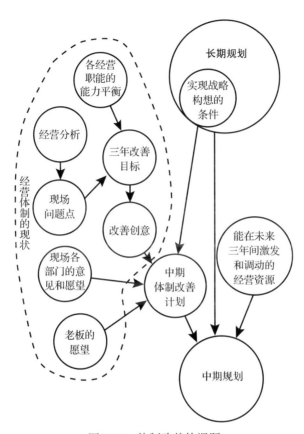

图 7-10　体制改善的课题

在决定长期规划和基本战略构想时，行业成熟度曲线或者产品定位管理等方法对于给企业提示前进方向是有效的，但是中期规划和体制改善计划是为了实现一个目标，要从中获得具体的内容。从这个角度进行思考，编制中期规划采用要因分析、各部门目标设定和将方法日程化的"三件套"方式。

让我们以降低盈亏平衡点和提高新产品比率这两个目标

为例,来说明"三件套"方式。

- **"三件套"之一:要因分析**

从图 7-11 中可以看出,要降低盈亏平衡点,有四个主要因素可以操作——固定费用、变动费用、价格和销售额,分别按箭头方向下调或上调即可。

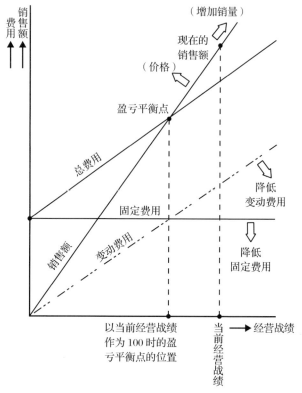

图 7-11 利润图和盈亏平衡点

将这四个因素作为主干,将沿箭头方向增减作为分支画出，就能得出要因分析图，又名"鱼骨图"（见图 7-12 和图 7-13），鱼骨和鱼刺越多，信息就越丰富。如何增加鱼骨和鱼刺呢？让尽可能多的人参与讨论，集思广益。

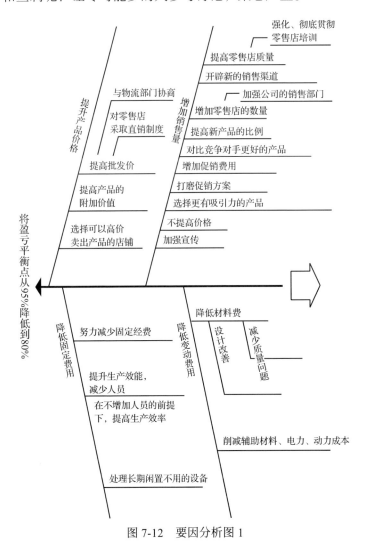

图 7-12　要因分析图 1

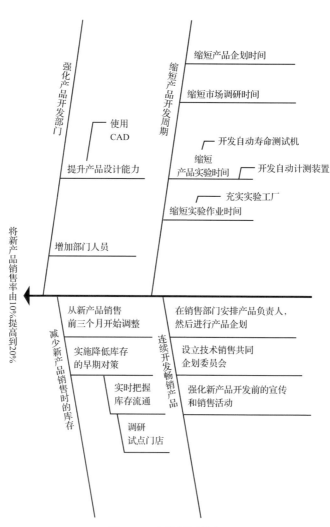

图 7-13 要因分析图 2

- **"三件套"之二：部门目标设定**

接下来是从"鱼骨"中找出"有效骨"，这个时候不需要很多人参与，也不需要集思广益，而是由少数专家对效果和执行的难易程度进行计算和研究，提出体制改善的主题要因，计算这些要因要改善到什么程度才能降低盈亏平衡点。如果不够就找其他要因反复计算，确定主题和目标值，这个时候，帕累托分析是有效的辅助工具。

即使选定了主题和目标值，仅凭这些还制订不出有效的体制改善计划，要将主题联结到具体实施的各部门的工作主题，分解落实到各部门的目标值。例如，降低变动费用或固定费用，对各部门来说，费用内容、大小、降低可能性都各不相同，因此设定部门目标时要和各部门负责人认真商议后决定。

- **"三件套"之三：将方法日程化**

确定各部门的目标之后，通过讨论，集思广益实现这些目标，在探讨阶段，部门全体员工都要参与进来，灵活运用要因分析法和头脑风暴是很有效的。人们达成共识，在现场制订体制改善计划，将其日程化。对于这样做出来的计划，现场的人就会有参与的热情。

中期规划成功的要点

无论长期规划，还是包含在长期规划中的战略构想，本质上都是画饼充饥，并不一定能够完全实现。但是包含在中期规划中的经营体制改善计划，极可能使中期规划成为现实。

▪ 五大要点确保成功

中期规划是年度计划的核心，必须怀着无论如何都要达成的信心和决心去制订。要确保中期规划成功，有五大要点：

- 基于清晰明确的长期规划目标，尤其是在充分理解战略规划部门的基础上制订中期规划。
- 基于经营分析，一定要有经营体制改善的主题。
- 经营体制改善计划要成为各部门计划的一部分。
- 制订中期规划时要集思广益。
- 在第一年年度计划结束时，当年没有完成的事项，一定要纳入下一年度计划（中期规划的第二年）。如果做不到，就要更新中期规划，保证战略和现场不脱钩是非常必要的。

▪ 以经营现场为主角，激发全员达成目标的渴望

需要反复强调的是，中期规划既不是空中楼阁，也不是不付出努力就能轻易实现的。中期规划要更具体，应该包含很多决定未来的战略要素，这些战略要素并非源于企划室或者智库咨询公司，而是以经营现场为主角得到的。只有这样，才能让所有人感受到对规划的责任感，激发全员达成目标的渴望。

年度计划：活在现在的战术计划

年度计划的使命、性质和时间跨度

年度计划是为期一年的年度经营计划，也有企业以半年为单位，或者将一年进行 12 等分，以每个月为单位分解计划。

▪ 年度计划是企业真正谋求生存的计划

长期规划和中期规划本身是在画饼，年度计划是做出真正的饼来过日子。长期规划和中期规划没有财务结算，因此不能具体衡量其成败程度，但是年度计划必须通过财务结算进行总结。也就是说，年度计划被总结在利润表和资产负债表上，企业和经营者要接受来自社会的评价。工资和奖金、分红和税金也根据目标达成的程度来确定。

▪ 年度计划要平衡短期和中长期

年度计划要成为最大限度地发挥企业能力、争取最高销售额、最少支出、最多利益的年度目标计划。作为中期规划的第一年，也是长期规划的出发点，这一计划必须牺牲部分眼前利益，按照战略进行，其中的平衡需要企业家来判断。美国企业家被认为有只顾眼前利益的通病，经常受到批评。

▪ 年度计划是中期战略的短期决战，要不断革新战术

年度计划虽然受到战略的限制，但是在短期决战计划

中,是最能有效体现战术能力的计划。

年度计划的内容:详细的行军地图,激发新创意

整个组织每天都为了达成年度计划而工作,计划必须与组织相适应。如果计划内容中只有销售量、产量、费用预算和利润等数字目标,计划就只能起到为高层提供参考的作用。

年度计划应该是众人到达各自目标点的有效地图,尽可能详细地记载中途的标记、到达所需的时间、周围的地形和障碍物等,年度计划越详细,对员工越有帮助。人们一边看地图,一边加快步伐,寻找更好的线路,努力尽早到达目标点。如今的经营方式,不是要所有人都走同一条路,而是分成很多团队同时实现各自的目标。必须为每个部门制订适合本部门的年度计划,只有这样,才能让工作现场的全体员工在共同目标的指引下,迸发出新想法和新创意,这也是主张部门经营的目的。

制订年度计划的根本:坚守基本路线,考虑战场变化

年度计划是中期规划的第一年,也是穿越激烈战场获取战果的计划。

只把中期规划的第一年日程详细地安排好是不够的。因为一旦预测到对手会展开低价攻势,那么必须准备相应的降价准备金、促销计划、新产品对抗方案等。另外,对于金融环境的变化等外在条件,对于生产延迟或故障、销售乏力等内部情况,我们也必须拿出必要的应对措施。

确保年度计划成功的五大关键点

年度计划要成功，计划本身的妥当性固然重要，但是在计划执行过程中，行动和应对的敏捷性占很大比重，年度计划成功的关键首先在于以下四点：

- 制订计划，将明确的目标与现场员工的日常活动打通。
- 每个现场都配备能迅速应对变化的积极指挥员。
- 给现场指挥员大幅下放权限。
- 尽早进行月度结算分析。

在截止日期后最多 5 天内、尽可能在 3 天内进行月度结算分析，及时发现计划的延迟，采取挽回措施。无论多么精准和完备的结算报告，过了 10 天也会失去价值。在推进划小经营单元、实施部门经营的过程中，我们曾经在截止日期到达之前提早进行预结算。

▪ 第五大关键点：实现目标所必需的企业风气

我在 35 岁时进入松下电器，之前在一家汽车公司工作过，当时的松下电器在技术和生产方面并没有什么特别让我佩服的地方。最让我吃惊的一点是：技术部门的员工，人事部门的员工，甚至连生产线上的女工都知道所在事业部的年度计划，因此，当月是否完成了计划，或者有没有进度滞后拖延，大家经常讨论这些话题。

这说明创业几十年以来，期初告知年度经营计划，传达月度决算给全体员工，这样持续推动下去，全体员工就产生了年度目标必须达成的观念,这是松下电器最大的优势之一。

我确信,要最高水平地履行年度计划的使命,最大限度地激发经营活力,在于部门的日常经营活动。

"三位一体"的业务增长规划:
将长期规划、中期规划和年度计划打通

中期规划是长期规划开端的前三年,年度计划又是中期规划的第一年,都是在通向未来的同一条延长线上。如果年度计划、中期规划和长期规划不是在同一条延长线上,战略将失去基础,战术将失去方向,只有年度计划、中期规划和长期规划"三位一体",才有存在的价值。图7-14所示的规划图可以帮助我们做好查漏补缺的工作。

如图7-14所示,将长期规划的目标放在最前端(右边),并按顺序填写实现目标之前必须完成的事项,包括相应的时间跨度。第1年是年度计划必须达到的条件,到第3年为止是必须包含在中期规划中的重要项目,从这张图可以非常容易地看出长期规划、中期规划和年度计划的"三位一体"性。请注意,这张图也是前面提出的达成中长期目标的要因分析图(鱼骨图),由相关人员和现场负责人通过头脑风暴研讨、制订,进而推演出的适合整体战略的战术。

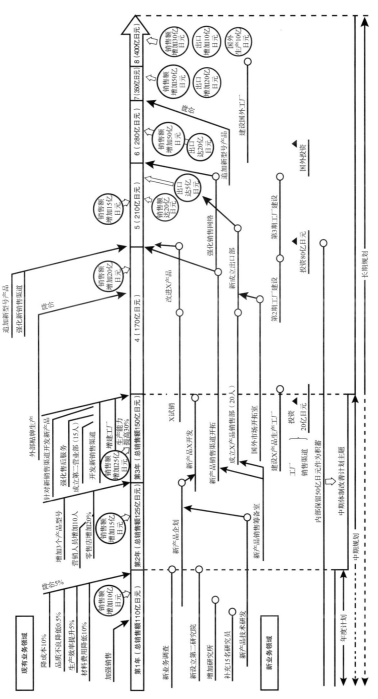

图 7-14 销售额 8 年增长 3 倍的规划图（110 亿日元→400 亿日元）

CHAPTER 8
第 8 章

发展经营哲学,让经营之树长青

在企业经营中,技术能力、销售能力、资金能力、人才这些虽然都是重要的经营资源,但最重要的是正确的经营理念。只有拥有正确的经营理念,人才、技术、资金才能真正得到利用。

——松下幸之助

松下幸之助的经营理念

现在关于"经营之神"松下幸之助的书数不胜数。这些书的作者有学者、评论家或通过生意认识松下幸之助的人,都是著名人士。我身为松下电器的一名员工,来谈论松下幸之助有些冒昧,我想在这章分享一下我写这本书的想法。

1991—1992 年,日本经济界频发丑闻。虽然在此之前也发生过丑闻,但这次的丑闻实在让人无法接受。丑闻主角是一流银行或顶级证券公司,以及与它们相关联的一些公司,都是推动日本经济领导地位的精英企业。这些一流企业的经营者很多是经济界名流,其中还有不少被推崇为企业经营的泰斗人物。

对于上面的内容,我思考了很多,也回忆起很多关于松下幸之助的过往,于是便有了这一章。

企业道德比领导人天赋更重要

松下幸之助被誉为"经营之神"。他年仅 9 岁时就离开了和歌山故居,来到大阪的一个商家做徒工,15 岁时在一家水泥公司做搬运工,后来又去大阪电灯公司(关西电力前身)做实习工,还做过工程负责人和检查员。1917 年,松下幸之助 22 岁,创业资本 95 日元(另从朋友那里借来 100 日元,合起来不到 200 日元),员工一共 3 人,分别是松下幸之助、他的太太以及太太的弟弟。这就是最初创业的情况。从创业开始到94岁去世，松下幸之助把70余年的时间都奉献给了工作，打造了今天的松下电器，因此被尊称为"经营之神"并不是奇怪的事情。

▪ **除了"天才"企业家，企业成功还有很多其他因素**

我在松下电器工作了28年，对松下幸之助被尊称为"经营之神"没有异议。回顾松下电器70多年的历史，我认为虽然这是世界上少有的成功企业，但这并非仅由松下幸之助个人创造。

除去那些年轻时就离开人世的情况之外，天才一定会在其人生的某阶段经历重大的失败或错误，尤其是那些依靠天赋成就的事业，大多以悲凉的破产而告终。

天才也是人，在漫长的一生中，不可能完全不做出错误的判断。随着年龄的增长，身心都会衰弱。另外，人还会产生私欲。如果只是由个人所操纵的事业，规模越庞大，越容易陷入深渊。松下幸之助一定是有天赋的人，他的天赋对松下电器的发展做出了巨大贡献也是事实。

但是如果只依靠这些，那么在很早的时期，就可能会犯下大错。今天的松下电器说明了，松下幸之助在培养其事业方面，除了天赋，还有很多其他要素。因此，这些要素才是我们应该认真研究和学习的东西。

▪ **企业要健康发展，首先要有正确的经营理念**

松下幸之助把松下电器从仅仅3名员工打造成十几万人

的企业集团,在此期间,企业走过了 70 年却没有发生重大错误,为什么呢?我想到了刻在我脑海中的两段话:

经营的课程既可以学也可以教,但是经营既不能教也不能学,只能自己领会。自己领会要有演练场,松下电器就是那个演练场,社会是更大的演练场。

我经营企业已有 60 年。在这期间,我深切感受到经营理念的重要性。换句话说,企业存在的理由是什么,为何种目的、以何种方式进行经营等,这些基本的思考都很重要。在企业经营中,技术能力、销售能力、资金能力、人才这些虽然都是重要的经营资源,但最重要的是正确的经营理念。只有拥有正确的经营理念,人才、技术、资金才能真正得到利用。因此要想企业健康地发展,首先要有正确的经营理念。我通过我 60 年的经历,切身感受到了这一点。

(松下幸之助《实践经营哲学》第 7 ~ 8 页,《首先确立经营理念》一文,PHP 研究所)

由此可见,松下幸之助的经营是基于经营现场的经营理念。如果是小型企业,社长还能关注全体员工的一举一动,一旦成为拥有数千名或数万名员工的大企业,只靠社长一个人来约束全体员工的行为是不能想象的。

▪ 领导人要追求高尚的企业道德

松下幸之助与旁人的不同之处在于,不把经营理念只放在自己心中,衡量自己的行为,而是公之于众。

我认为,在全球范围内,没有比松下幸之助更积极向世人呼吁自己经营理念的企业家了。松下电器并没有特别吸引价值观高尚的人,但从业绩来看,它在企业道德方面保持了较高的水平。我的个人感想是,如果自己尊敬的领导人经常向社会呼吁高尚的企业道德,那么他也必须严格要求自己。

松下幸之助的 17 个基本理念

就像每个人都有自己的观点一样,先不谈内涵的好坏,经营者也应该有自己的经营理念,例如下面的图 8-1。

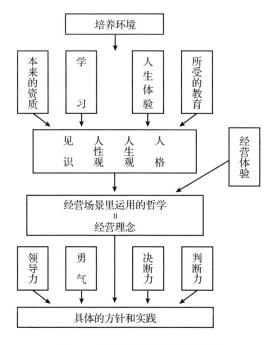

图 8-1 经营理念的体系分析图

松下幸之助的童年、少年和青年时期都经历了巨大的困境。但他不服输、不低头，逐步形成高尚的人格。我根据其著作和录像资料（以《实践经营哲学》和《经营百话》为主）中的17项基本经营理念，以及对其进行补充的事项，总结了松下幸之助的经营理念图（见图8-2）。

关于图8-2所示的17个基本理念中的一些重要理念，在各章中都有涉及，让我们来总结一下。

▪ **确立正确的经营理念**

首先，关于"确立正确的经营理念"，已经在两次引用的松下幸之助的原话中进行了解说。

▪ **认识使命**

接下来是"认识使命"，就是第1章所述的目的理念。松下幸之助常说：

> 如果这家公司消失，会给社会带来什么负面影响？如果公司存在没有任何正面影响，换句话说，公司的存在对社会没有好处的话，还是解散为好……作为雇用多数人的公共生产企业，不给社会带来任何益处是不被允许的。

（《实践经营哲学》第27页，《正确认识使命》一文，PHP研究所）

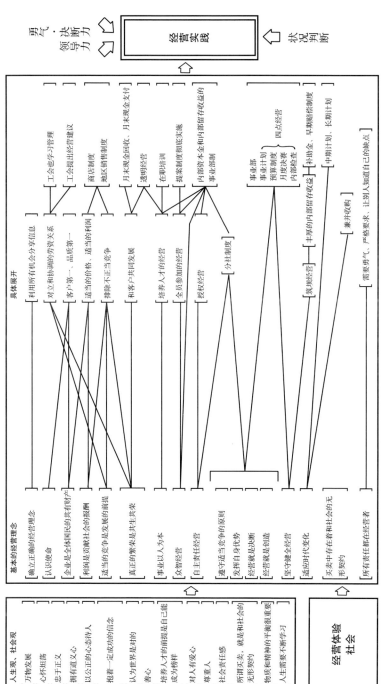

图 8-2 松下幸之助的经营体系

▪ 企业是国民全体的共有财产

松下幸之助经常对上面的内容自问自答，并讲给员工们听。松下幸之助认为，企业存在的目的并不是由经营者自由决定的，而是根据企业与社会的关系来决定的。如果利益至上，主张"不计后果"，那么为了达到目的而不择手段的"过激"员工就会诞生。"虽然不是好的事情，但是在企业内部也能得到原谅。"这种毫无道德的想法才是企业反社会行为的源泉。确立和贯彻那些明确体现企业社会使命的经营理念，才是经营活动的出发点。

▪ 利润是贡献社会的报酬

"利润是贡献社会的报酬"，这一利益观是松下幸之助经营思想的基石。

向客户提供产品或服务，客户愿意支付昂贵的费用，是因为他们认可产品或服务的价值。换句话说，价格与成本之差是顾客付出的报酬，这就是利润的本质。

因此，松下幸之助表示："确保合理利润是经营者的义务。"关于合理利润，他有如下考虑：

日本企业利润的一半是税金，另外一半的25%作为分红奖金返还给股东和职员，剩余的25%作为内部留存收益。因此，投资是必要的，投资中至少25%应该成为内部留存收益。从这个思路出发，必须确定本公司的合理利润，至少要做能够收到报酬的事情。（节选自1970年日本商业工会主办研讨会演讲）

- **适当的竞争是发展的前提**

松下幸之助强调说:"适当竞争会产生进步,但过度竞争就会成为罪恶。"

在确保合理利润的前提下,激烈竞争是好事。只有通过激烈的市场竞争,才能提高品质,丰富产品种类,进而实现企业繁荣与持续发展。但竞争如果过于激烈,企业就会采取短期竞争手段,甚至将产品以低于成本的价格销售,这就是恶性竞争。这样的恶性竞争如果由资金雄厚的企业主导,那么这就是强者的暴力行为,弱者无论怎么努力都无法生存下去。

有着这样思考的松下幸之助,在他年轻气盛的时候,也曾遇到同行无底线的价格竞争,他很生气,想坚持抗争到底,看看到底谁输谁赢。那时他被一位叫加藤大观的真言宗和尚点拨:"这不是你一个人的生意。你要明白有上千人在追随着你。你是一军之将,大将不可以带着个人的愤怒工作。如果因为对方做了,所以你也效仿,这看起来很勇敢,但其实是匹夫之勇。俗话说'有出船也有入船',即使有一部分顾客暂时离开,但只要认真做生意,他们一定还会回来。"

听到这里,松下幸之助放弃了原先的想法。这些经历也进一步加强了他的"适当竞争才能为人们带来幸福"的信念。

低价倾销在各国的反垄断法中被禁止,但仅靠一个企业的努力是不够的。松下幸之助坚持即使生意上处于不利地位，也不参与低价竞争的企业方针。

1955年，加入GATT（关税及贸易总协定，现世界贸易组织）后，日本实现贸易和汇率自由化。在1960年的经营方针发表会上，松下幸之助社长宣布：松下电器要领先于其他企业，五年后将实行每周五天工作制。我中途入职公司，之前不太了解松下幸之助，一方面觉得很感谢，但另一方面又担心松下电器因此而倒闭。我同时也感受到了，老板是一个坚持自己信念的人。现在仔细想想，也许老板当时认为，如果不和欧美发达国家按照相同的条件进行生产，就不能说是公平竞争。

▪ **真正的繁荣是共生共荣**

"共生共荣"是松下幸之助坚定的信念。1957年左右，我在一家汽车公司工作，当时"台风票据"（7个月后支付的票据）和"怀胎票据"（10个月后支付的票据）严重横行。松下电器自身的经营并不轻松，但仍然坚持到月底全额现金支付。松下幸之助认为，让供应商企业或客户承担总公司的资金压力有悖共生共荣的理念。

▪ **事业以人为本**

我们常常听说"事业以人为本"这句话，有人会将这句话里的"人"理解成企业高管，松下幸之助并不这么认为，1930年左右，松下电器还是一家小公司，松下幸之助告诉年轻员工们,当被客户问起"松下电器是做什么的公司"时,要回答"松下电器是培养人才的地方,顺便也生产电器"。这样回答的话,就做不了坏事。当时松下电器已设立店员培训所,松下幸之助亲自担任校长,致力于企业内部教育。另外,很早实行的玻璃式经营也是在企业实际经营实践中教育人才的手段。事业部制也是一种重要的人才培养方式,能够让人才对自己负责的领域更加精通。

▪ 众智经营

"无论国家、团体,还是公司,贤人或伟人的管理都是不可取的。最好的经营是依靠团队智慧的经营。只有将其科学化,才能产生理想的经营模式。"(我根据松下幸之助在1960年的讲话总结)

这一理念源于他对人深度的信任。这进一步成为全员参与的经营思想。松下电器彻底的事业部制让更多的人尽可能参与经营。全员参与经营的具体例子是很早就有的提案制度,即使提案没有被采用,也会被告知不合格的理由。

松下幸之助在担任大阪电灯公司的检查员时,曾向公司提出改良插座的建议,但被公司置之不理,当时的委屈(这也导致了松下电器的成立)增强了松下幸之助的信念:在众人之中,一定潜藏着高度的智慧,唯有社会正义才可以让人得到回报。他强调大众经营是"可以自由提出意见的经营",指责独断专行的经营是不信任他人的经营。

- **自主责任经营**

自主责任经营理念的本质是"放权经营",具体实例是1933年推出的事业部制。

- **遵守适当经营的原则**

事业部制是适当经营,整体上实现多元化,在具体运营方面"加强专业",通过专业化,让专家尽可能正确、迅速地进行决断。在授权的同时,尽可能让对方承担所有的责任。在1933年采用事业部制的同时,松下幸之助将各事业部的管理手法制度化,分别有事业计划、部门单位的预算制度、作为检查的月度结算、总公司财务部门负责的内部监察制度等。

松下幸之助的"健全经营理念"是4岁时,因父亲在大米投资的生意中失败而突然产生的。松下幸之助形成了不能再让员工遭受不幸的强烈社会责任感。

- **经营就是创造,坚守健全经营,适应时代变化**

具有适应时代变化或先行时代的想法是战略思考和战略行动。松下幸之助与飞利浦公司成立合资公司,以及对Victor、大阪电气精器等企业的兼并与收购,在那个年代,都是非常少见的事情。在接下来的几年里,松下电器在战术方面非常强,但在战略方面却非常薄弱,因此公司内部也出现了自我批评。松下电器所在的家电领域长期保持高速增长导致了战略劣势,也是一个反省点。

▪ 所谓买卖，就是和社会的无形契约

20多年前，公司内部干部在召开学习会时，松下幸之助说："假设在山坡上有一家老奶奶开的茶馆。即使是老奶奶，也有义务在规定的时间开门迎客，因为旅客只要爬上山坡，就期待可以在那里休息。也就是说，旅客和老奶奶之间有一个看不到的契约。这就是生意。"松下幸之助不是靠自己的个人能力来管理部下，让他们臣服自己，而是通过通俗易懂的经营的道理让大家理解信服。

▪ 领导人决断：五大方法使你当断则断

经营者证明自己是合格经营者的方式是决断。松下幸之助对此提出了五个条件：

- 超越得失来判断什么是正确的，这才是真正的勇气。
- 正确的判断源于专业（采取事业部制，尊重事业部总经理的判断）。
- 如果无法做出判断，请坦率地征求意见。
- 对于大事，不要由总经理独断专行，而要由董事会充分讨论，集思广益做出决断。
- 非常时期必须独断专行。

▪ 公司与工会：在冲突中进步

"对立与和谐"也是松下幸之助的社会观之一。这体现在他对劳资关系的思考中。

"工会与经营者的立场不同,很多时候,我们必须采取对抗行动。当然经营者应该理解并尊重这个立场,丝毫不能抱有以利益或计谋来对待的想法。所以,希望工会能好好学习经营的相关知识。双方在冲突中进步。"

这是松下幸之助在1955年左右,劳资关系还非常紧张的年代的讲话。不知是不是出于这种经营者的态度,松下电器的工会非常善于学习经营,而且每年向总部和各事业部提出一次经营建议,这是管理组织以外的意见和建议。对于这样的工会,经营者们不是与其周旋应对,而是以非常真诚的态度去学习。通过这些机会,我似乎也学到了一些老师所说的"对立与和谐"的哲学。

▪ 经营者应该讲的话,一定要坚决地说出来

"所有责任都在经营者身上",虽然这是理所当然的事情,但真正有这种想法的经营者到底有多少呢?其前提是作为一个人,必须有正直的心态和对社会深刻的责任感。松下幸之助告诉我:"经营者必须对所有结果负有责任,要对部下提出严格的要求。经营者应该讲的话,一定要坚决地说出来,如果不这样做,公司就无法发展。即使自己说的话被误解并可能会引起大问题,也不要害怕。即使公司因此而倒闭,那也是天命。"(摘自1956年的演讲)这些是作为经营者应有的觉悟。

- **不断磨炼并发展自己的经营哲学，公司就会远离错误**

松下幸之助并不是从一开始就具有优秀的经营理念，而是随着人生和经营经验的积累，以直率的心态和真挚的态度学习，不断磨炼并发展自己的哲学的。这些永恒的东西，会随着年龄的增长而延续。这样，无论组织还是自己都远离了错误。我本人对有机会在松下幸之助的带领下工作，表示深深的感谢。

结束语

自主责任经营,绽放智慧的花朵

  尽可能凝聚全体员工的力量,在自主责任经营的基础上开出群智的鲜花,哪怕是小花,也要开得灿烂。

我出生在 1922 年，有幸能在几家企业工作，经历了第二次世界大战后日本的混乱期、高速增长期和石油危机后的转折期。

虽然整个期间长达 40 年，但仅限于我的个人体验，我不敢妄言书中的内容就是今后企业经营应有的状态，今后日本企业的经营机会和风险将进一步增加，企业不得不承担在国际社会中的重大责任。

承受这些压力，企业需要具备各种条件，但根本上是自主责任经营的精神，这绝不是企业家一个人可以做到的。

尽可能凝聚全体员工的力量，在自主责任经营的基础上开出群智的鲜花，哪怕是小花，也要开得灿烂。让更多的企业家向松下幸之助学习，这是我的夙愿，如果本书能向企业家们分享一些松下幸之助的智慧，我将感到无比荣幸和幸福。

特别补充资料

突破危机的经营学

经营危机和人生难关一样，会以多种形式出现，危机的原因也多种多样，而且不止一两个原因，而是多种原因交织出现的。如果仔细观察分析，就会发现其中一个最大的或者最根本的原因会诱发更多的危机因素，继而使企业走向无法控制的状态。如果这样，危机将变得不可阻挡，甚至会让企业整体崩溃。

追究危机的根本原因并加以解决是企业高层的任务，这才是克服危机的出发点，如果认识不到这一点，就无法解除危机。

本书使用了小川守正先生在甲南大学讲义中"突破危机的经营学"和"甲南医院如何突破经营危机"两部分内容,在此加以部分调整和转载,供读者参考。

▪ 经营危机必将来临

经营就像人生一样,在漫长的历史中,一定会出现关乎企业存亡的危急时刻。当然,经营是由人来推动的,这个道理不用说大家都明白。

▪ 把握危机的本质

经营危机和人生难关一样,会以多种形式出现,危机的原因也多种多样,而且不止一两个原因,而是多种原因交织出现的。如果仔细观察分析,就会发现其中一个最大的或者最根本的原因会诱发更多的危机因素,继而使企业走向无法控制的状态。如果这样,危机将变得不可阻挡,甚至会让企业整体崩溃。

追究危机的根本原因并加以解决是企业高层的任务,这才是克服危机的出发点,如果认识不到这一点,就无法解除危机。

▪ 决心突破危机、重建企业

当经营处于危急状态,挽救的前提条件是高层无论如何都要有战胜危机、重整旗鼓的决心。当然仅仅凭决心是不够的,这不是充分条件,而是必要条件。如果高层摇摆不定,就应该辞职,让出职位,或者干脆停止重建企业,直接进入破产重组阶段。

- **确保员工活力,提振全员士气**

企业、学校或者医院,无论是哪种形态的组织,面对经营危机时员工都会沉浸在暗淡无光的氛围之中,大家都依靠所在的组织维持生计,这是理所当然的。要挽救危机、重建企业,首先必须做的是恢复员工的活力、提振全员的士气,无论如何,突破危机、重建经营只能依靠在经营现场工作的员工,高层只是制定策略和指挥作战,实际推进并取得成果的一定是一线的普通员工,哪个层级算是普通员工取决于企业规模,一般来说是科长以下。

普通员工对自己企业的了解远远超乎经营者的预期,甚至有时候比经营者更了解公司的状况,对于这一点,经营者一定要有清晰的认知。

- **首先要公开信息**

现场员工了解的经营情况,如果不是来自企业正式的分享,而是根据自己负责的工作或者小道消息进行推测,那么由于每个员工的认知角度不同,就很可能以讹传讹。

任何动物在行动并发挥力量之前,必定会有推动它行动的信息出现,所以要给员工分享正确的信息。在这里我介绍一句名言,来自第二次世界大战时担任英国陆军总司令的蒙哥马利元帅。

领导人必须向部下说实话。如果有任何虚假信息,部下很快会看穿,同时对领导的信任度降低。

(《蒙哥马利元帅回忆录》,高桥光夫、高桥坂弘译,读卖新闻社)

- **公布突破危机的重建计划,全员参与管理**

领导层必须明示突破危机的事业重建计划,基于这一计划恢复员工的战斗力,否则员工会因失望而士气低落。

因此,重建计划必须是具体而切实可行的。根据我的经验,为了让当前的计划能给员工重建信心,最好不要设定太高的目标,公示当前计划和下一步计划,下一步计划必须与重建计划相关联,是一个更高的计划。

另外,领导层公布的重建计划是基本方针,根据基本方针,各部门需要做出第二层次的部门计划,这样才会迈上成功的道路,这就是松下幸之助所说的"全员参与经营"。

- **计划的执行:成功才是成功之母**

在企业经营方面,失败不是成功之母。做好计划就要切实执行,必须成功。与平时不同,这是危机管理,失败是不可原谅的,高层、中层和资深员工都要全力以赴,指导部下取得成功,还要进行严格的检查和复盘。

在甲南医院面临经营危机的时候,我负责推动经营重建,每个月都会访问旗下的五家医院和事业部,在现场召开由院长、部长和护理部干部参加的月度结算研讨会,这是推动重建的原动力。

另外,在研讨会上,一定要向大家报告公司整体的经营业绩,公开信息,这是非常有效的。在经营重建的过程中,也要积极组织和支援员工的团队建设活动。

- **甲南医院如何突破经营危机**

财团甲南医院成立于 1934 年,是以日本关西企业家平生金八三郎(当时川崎造船所总裁)的理念"疾病是人们最大的痛苦,医院是为了解救病人"作为创业理念而设立的。甲南医院成立时是关西唯一一家、日本第二家完全看护和完全供餐的现代医院。

我在 2001 年担任财团副理事长时,甲南医院病床床位合计 957 个,职工 1100 名,年收入 144 亿日元,是县内最大的私立医院。

- **经营危机前的发展过程**

创业以来的 75 年间,甲南医院作为医疗机构保持了很高的医疗水平,在大阪和神户地区享有很高声誉。大约从 10 年前开始,甲南医院的经营开始恶化,在我 2001 年就任副理事长时,医院几乎到了破产边缘,原因是过去 10 年间医院规模扩大了 3 倍,资金全部来自银行借款,盲目扩大规模,各部门长期亏损,这是散漫经营的结果。散漫经营的责任在于当时的经营者和银行,普通员工没有任何责任,甚至可以说是受害者。

甲南医院在扩大3倍规模之前只有东滩区山腰的330张病床，一直维持年收入约50亿日元，经常利润约5亿日元，是非常健康的经营状态。但是随着规模扩大3倍，年收入达到约144亿日元，经常利润却恶化到只有约3000万日元，理由是要支付高达170亿日元的巨额债务利息和本金。

原本优秀的医院因一味地扩大规模，经营走到如此地步，是没有经营者的缘故。在此之前的代理理事长都是由川崎重工（原川崎造船所）的原董事长担任，但他只是担任名誉职务。在我受邀出任副理事长后，原董事长就去世了。因此，我向川崎重工提出了两个请求：派遣下一任理事长，提供20亿日元支援金。但是这两个请求均遭到拒绝。没有办法，我只好一直担任理事长，直到81岁。

- **危机突破对策**

我向全体员工公开了目前的经营状态，同时解雇了3名经营干部。当我担任理事长的时候，医院面临的经营危机，即使是再有名的经营者都不可能只靠自己的力量来突破，银行也承认了这一点。

我要求银行放弃债权，得到的是三家银行三个不同的回答："要向高盛集团出售债券""申请走公司更生法程序""出售六甲岛医院"。我毫不犹豫地选择了向高盛集团出售债券，高盛集团立即向我提出辞去理事长职务的要求，但是我以"此次经营危机不是我的责任"为由拒绝辞职，我认为不能把平生先生辛苦创立的甲南医院白白卖给高盛集团，高盛集团也因为聘请不到合适的人才同意我留任。

高盛集团以70亿日元接手医院，委托给我们进行经营改革，并计划等甲南医院未来成为优良医院时以120亿日元的价格再次出售它，我觉得高盛集团也没错。

更重要的是，要成为优良医院，必须先做好27名新干部（各医院院长、副院长、护理部部长、事务部部长和科长以上）的教育培训，我判断甲南医院经营不善的根本原因在于不公开信息和不赋予一线干部权力。

在那个寒冷的冬季，我在每天下午5点召集27名新干部到御影山上的甲南医院，举行三小时的研修会。忙得不可开交的医生、护士，甚至还有一些从很远的加古川来的同事，在三个月内几乎不缺席地参加了12次培训。

培训内容有经营理念、利润表、资产负债表、成本核算、现金流、产品定位管理等。在讲课的同时，我们一起制订了学员所属的各部门的年度经营计划，并决定将制订的计划直接作为下一年的经营计划。在培养现场中坚干部的同时，培训对经营也产生了巨大效果。

例如，出于所在地区人群年龄结构的原因，妇科和儿科在甲南医院是亏损部门，转移到六甲岛医院后，对两个医院的经营改善都做出了巨大贡献。这是将产品定位管理的讲义与学员的经营提案相联系的、立即付诸实践的项目，让培训学员实际感受到执行自己制订的计划的责任感和喜悦。

▪ 突破危机

- 解雇 3 名老干部，由 27 名新干部组成新的经营团队，以书面形式向全体员工公开经营状况。
- 举行了 12 次新干部经营研修会。
- 产权从三家银行转到高盛集团（负债 156 亿日元，相当于高盛集团投资 70 亿日元）。
- 对财团法人甲南医院下属的三家医院诊疗部门进行重组。
- 又从三井住友银行和关西地区各银行借款 100 亿日元，脱离高盛集团。
- 2007 年，财团年收入 153 亿日元，经常性净利润率为 4.7%，借款 75 亿日元，这个级别的医院是 B^+ 级。如果借款降到 40 亿日元左右就可以升为 A^- 级，如果内部留存收益达到 20 亿日元又可以升为优良经营的 A^+ 级。虽然要到达 A^+ 级目标还需要几年时间，但是全体员工的士气正在恢复，并走向下一个目标。

在甲南医院突破危机的重建工作中，我虽然年事已高、体弱多病，不能做更多的工作，但是在全体员工的协助和干部团队的领导下，在短时间内取得了成功，我想对那些人表示深深的感谢。

（以上内容来自甲南大学讲义）

推荐阅读

无论在哪个国家,能获得成功的企业家都很多,但能够提炼出经营之道的企业家却为数不多,能够成为众人推崇的"经营之神"的企业家更是凤毛麟角。松下电器的创始人松下幸之助无疑在企业界树起了一座丰碑。他不但创立了一家享誉全球的成功企业,而且提出了一套普遍适用的经营哲学理念。本书系作为松下幸之助经营哲学理念的精粹,将为中国企业家提供有益借鉴。

推荐阅读

《攀登者：松下幸之助的经营哲学》

被誉为日本"经营之神"的松下幸之助，是攀登人生双峰的攀登者，相对个人的经营成就，他更专注于努力建设一个互信、互惠、互相依存的美好社会。松下幸之助根据自己的观察和思考，总结出了一整套关于宇宙、自然、人类的哲学思想。而这一切思想都源于他对"人性尊重"的人类观。因为有这样的人类观，他首创了"自来水哲学"的经营哲学，以及"经营即教育"的教育理念。通过对松下先生的经营法则、人生哲学和用人哲学的探究，我们不但可以获得"企业经营的成功心法"，还能为自己的精神世界找到归宿。

《攀登者2：松下幸之助的用人哲学》

"经营人心、洞察人性"是影响世界的"经营之神"松下幸之助先生总结的极具东方哲学色彩的经营管理智慧。本书讲述的选人、育人、用人的道与术，用人哲学是松下幸之助经营哲学的重要组成部分。书中既有育人用人的底层逻辑和哲学思考，又有实用的系统、工具和方法。松下幸之助是跨越时代的经营者，他半个世纪前的经营管理思想，对现代商业世界具有重大的指导意义和实践价值。